Syniad Da

Y bobl, y busnes — a byw breuddwyd

CANFAS, COF A DRWS COCH
Anthony Evans

Argraffiad cyntaf: 2011

ⓗ Anthony Evans/Gwasg Carreg Gwalch

Rhif rhyngwladol: 978-1-84527-334-7

Mae'r cyhoeddwr yn cydnabod cefnogaeth ariannol
Cyngor Llyfrau Cymru

Cynllun clawr: Sion Ilar
Diolch o galon i Adrian Morgan, Cross Hands
am gael benthyca hen luniau o'r pentref.

Cyhoeddwyd gan Wasg Carreg Gwalch,
12 Iard yr Orsaf, Llanrwst, Conwy, LL26 0EH.
Ffôn: 01492 642031 Ffacs: 01492 641502
e-bost: llyfrau@carreg-gwalch.com
lle ar y we: www.carreg-gwalch.com

Canfas, Cof a Drws Coch

Anthony Evans

ARLUNYDD

Golygydd:
Myrddin ap Dafydd

*Anthony gyda dau o'i hoff gyfansoddiadau – 'I'r Môr' (uchaf) a
'Tractor Coch' ar glos Gwarllwyneidos, yr hen ffermdy drws coch.*

*Cyflwynedig
i bawb sydd wedi fy helpu
i wireddu breuddwyd –
Glenys, Tony, William ac Alun*

Pentref Pen-y-groes gyda hen dip y gwaith – gan ddangos pa mor serth oedd y tipiau a pha mor agos oeddynt at y pentrefi.

Sdim rhaid caerl oriel i werethu lluniau

Gair o gyflwyniad

Un o hoff ddywediadau Ray Gravell oedd 'Tip-top! Wi'n teimlo'n tip-top!' Mae gen i ryw syniad mai dywediad sy'n nodwedd o ardal glo carreg gorllewin Cymru yw hwnnw. Oherwydd daearyddiaeth y bröydd hynny, doedd gwastraff y glofeydd ddim yn cael ei dywallt ar lechweddau cymoedd serth na'i daenu ar ben y bryniau – yn hytrach, roedd yn cael ei godi'n byramidiau serth uwchben y gwaith glo a'r pentref. 'Tip-top' oedd y teimlad dyrchafol gwych o drechu'r llethrau serth, cyrraedd y copa a mwynhau'r olygfa.

Mae'r tipiau hynny wedi'u clirio bellach ond mae sawl cof plentyndod amdanynt yn parhau. Crwtyn o Cross Hands yw'r arlunydd Anthony Evans, ac yn y 1950au roedd ei dad yn löwr yng nglofa Great Mountain, y Tymbl ac yntau a gweddill bechgyn y stad gyngor yn chwarae ar dipiau gwaith y Cross. Pan fyddai seibiant byr yn y chwarae, byddai Anthony yn cael ei hun ar dop y tip – y 'tip-top' – yn edrych i lawr dros y gwaith glo, y pentref a'r pedair ffordd yn arwain at bedwar pegwn y cwmpawd. O'r orsedd serth hon, roedd map ei gynefin yn agor o flaen ei lygaid ac o dan ei draed. Yno y magodd bleser at ddarllen mapiau ac yno hefyd y cafodd y persbectif 'llygad brân' cwbl bersonol ac unigryw sydd mor amlwg yn ei dirluniau – mae wedi galw ei luniau ei hun yn 'fapiau'r emosiwn'. Arlunydd 'tip-top' yw Anthony!

Dangosodd gyfansoddiad imi yn ei stiwdio – 'I'r Môr' yw'r teitl arno (gweler tud. 4). Mae chwe ffenest yn y print arbennig hwn a dywedodd Anthony wrthyf mai hwn yw un o'i hoff gyfansoddiadau – mae popeth sy'n annwyl ganddo yn ei fywyd ac yn nodweddiadol o'i waith yn bresennol yma. Mae yma stori a thaith yn ogystal. Arlunydd llaw chwith yw Anthony – dywed wrthyf fod llawer o arlunwyr yn bobl llaw chwith. Mae'r lluniau wedi eu creu o'r chwith i'r dde ganddo

7

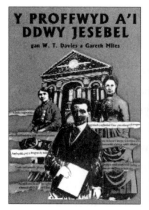  

Rhai o ddyluniadau Anthony ar gyfer Gwasg Carreg Gwalch

– cwch ar y tonnau, glan y môr, fferm, lle gwaith, capel, fferm. Ond mae'r stori yn mynd o'r dde i'r chwith, gan mai gadael y fferm a mynd i'r môr ydi'r daith yn y dychymyg.

Dros y blynyddoedd, mae llwybrau Anthony a minnau wedi cyfarfod a dilyn ei gilydd sawl gwaith. Weithiau y wasg a byd yr artist yw'r ddolen rhyngom – mae wedi dylunio delweddau i lawer o'n llyfrau barddoniaeth plant a chloriau i nifer o nofelau Gareth Miles, gan gynnwys yr un a gipiodd wobr Llyfr y Flwyddyn i'r awdur.

Dro arall, ein diddordebau busnes ynglŷn â gwerthu celf fydd yn ein tynnu ynghyd. Pan agorodd Llio a minnau oriel Tonnau ym Mhwllheli yn 2006, Anthony oedd un o'n ymgynghorwyr celfyddydol mwyaf hael â'i amser a'i gyngor ac mae wedi bod yn graig gadarn inni gyda phob datblygiad yn hanes y fenter honno. Yn ein tro, cawsom ninnau gyflwyno gwaith Anthony yn ein harddangosfa gyhoeddus gyntaf a gwerthu ei waith gwreiddiol a'i brintiadau yn gyson ers hynny.

Ond efallai mai llwyddo i'w gwneud yn bosibl i Anthony greu tri darn o gelfyddyd ar gyfer stafell gymunedol Tafarn y Fic, Llithfaen oedd y cyfnod pan welais i fod cocos ein meddyliau yn troi i'r un cyfeiriad. Rhywbeth byw, ar gael ac yng nghanol y gymdeithas yw celfyddyd a diwylliant i Anthony, nid rhywbeth elitaidd mewn amgylchedd foethus, hyd-braich oddi wrth bobl.

Ochr yn ochr â'i gred yn hawl pob person a phob plentyn i fwynhau'r celfyddydau, y mae ei gred yn hawliau trefi a phentrefi i reoli eu heconomi eu hunain. Yr un ysbryd cydweithredol sydd ar waith yn Nhafarn y Fic ac Oriel Canfas, Caerdydd. Mae'n tristáu wrth weld cymdeithas o grefftwyr yn cael ei throi yn gymdeithas o gwsmeriaid; bod cymdeithas oedd yn creu ei hadloniant ei hun yn cael ei throi i fod yn gynulleidfa cadair freichiau. Ond llawenydd sydd yn ei sgwrs bob amser ac mae Anthony ei hun yn byw ei weledigaeth fel artist – yn chwilio am y golau yn ein bywydau ac yn gwrthod ildio nes cael o hyd iddo. Mae ei gelf yn agor llwybrau newydd yn ogystal â cherdded yr hen rai ac mae'r pleser o fodoli drwy greu yn rhoi lliw a chyffro yn ei fywyd bob dydd.

Myrddin ap Dafydd
Chwefror 2011

Cynnal gweithdy argraffu yn Nhafarn y Fic, Llithfaen

Gweriniaeth Cross Hands

Dechrau'r daith i mi oedd Cross Hands, Sir Gâr, 1948. Nid yw hynny'n llythrennol gywir, efallai – cefais fy ngeni yn Ysbyty Glanaman, a'r aelwydydd cyntaf oedd 'partments' yn 1 Dan y Banc a 2 Dan y Banc yn Riverview rhwng Cwmgwili a Cross Hands. Pan oeddwn i'n bump oed, symudodd y teulu i dŷ ar stad gyngor newydd, Cae Glas yn Cross Hands. Roedd 82 o gartrefi ar y stad hon oedd wedi'i hadeiladu yn bennaf ar gyfer y glowyr a'u teuluoedd. Am y tro cyntaf, roedd ganddon ni fath a thŷ bach yn y tŷ – ac roedd hynny yn wir am bron pawb arall oedd yn symud i'r stad yn y cyfnod hwnnw.

Ardal lofaol oedd Cross Hands gyda'r gwaith glo a'r ddau dip gwastraff yn tra-arglwyddiaethu dros y tirlun a'r pentref. Roedd 70% o dadau Cae Glas yn gweithio ym mhyllau glo caled y Cross, Blaenhirwaun, y Tymbl ac eraill ar hyd Cwm Gwendraeth. Cyflog digon tebyg oedd yn dod

Mam, Winston a fi

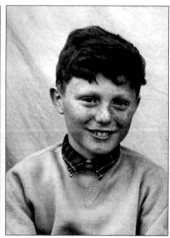

'Brychni a gwallt coch'

i mewn i bob tŷ; doedd fawr o wahaniaeth mewn statws cymdeithasol rhwng y naill weithiwr a'r llall (ar wahân i ambell snob oedd yn berchen ar gar!) ac roedd pawb yn yr un cwch ac yn gofalu am ei gilydd. Roedd y stad fel gweriniaeth gomiwnyddol.

Glöwr yng ngwaith Great Mountain, y Tymbl oedd fy nhad. 'Paco' oedd ei gyfrifoldeb ef – llenwi rwbel yn ôl wrth i'r ffâs lo dorri yn ei blaen dan ddaear. Gwaith caled, ond 'na fe, roedd pawb o'n cwmpas ni yn weithwyr caled bryd hynny. Symudodd i weithio i lofa Cwmshincyn wedyn a gwaith Cynheidre ar ôl hynny. Yn 1967, gadawodd y gwaith glo i fynd yn ofalwr ysgol i blant gydag anghenion arbennig, Ysgol y Dolau – Highmead. Roedd e'n lwcus – chydig iawn o lwch y lofa ddaeth o'r pwll gydag e. Aeth Winston, fy mrawd hynaf, hefyd i weithio dan ddaear ac roedd yn gas gan fy nhad feddwl am y peth. 'Chafodd fy nhad ddim llawer o addysg ond roedd e'n gweld pŵer addysg, a'i uchelgais ar gyfer ei blant oedd eu gweld mewn gwaith 'glân', gyda phensiwn.

Yn Cross Hands fy mhlentyndod roedd casgliad o siopau amrywiol, sinema (a gaeodd yn y 1960au cynnar),

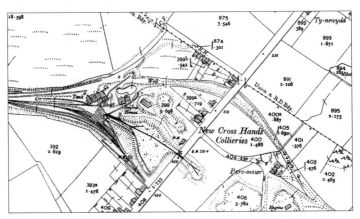

Map o ardal Cross Hands, yn dangos lleoliad y pwll glo

Yr olygfa o'm hystafell wely yn grwtyn yn 1965-66

Yr olygfa o'r ystafell gelf yn Ysgol y Gwendraeth –
Y Tymbl a'r 'Great Mountain Colliery'

tair siop chips, dau dafarn, dau glwb (y *Legion* a'r *Workingmen's*, lle'r oedd byrddau snwcer). Roedd yno hefyd neuadd bentref anferth – yr *Hall* – gyda thri bwrdd snwcer arall yn y cefn. Sefydliad pwysig arall oedd y llyfrgell, sc roedd parc a chae rygbi, dau gapel, un eglwys a Gospel Hall yn ogystal. Yn rhannu'r pentref yn bedwar rhan roedd yr A48 (rhwng Abertawe a Chaerfyrddin) yn croesi'r A476 (rhwng Llanelli a Llandeilo). Yn y canol, ar y groesffordd enwog, safai'r Cross Hands Hotel lle, yn ystod prysurdeb yr haf, byddai milltiroedd o geir yn aros i'r goleuadau traffig newid ar eu ffordd i neu yn ôl o draethau'r gorllewin.

Roedd yr holl ddiwylliant yn troi o gwmpas y glo carreg bryd hynny. Rwy'n cofio mynd am beint flynyddoedd wedi hynny gyda 'Nhad a 'mrawd, a 'Nhad yn gofyn i 'mrawd ymhle yng ngwaith Cynheidre roedd e'n gweithio bryd hynny. 'Ffâs No. 4,' oedd yr ateb. 'O, ddim yn bell o ble'r own i 'te,' meddai 'Nhad. Roedd daearyddiaeth dan ddaear yn glir iawn yn eu pennau nhw – roedden nhw'n gweld map drwy'r tywyllwch.

Hon oedd fy milltir sgwâr i. Roeddwn yn adnabod pob

Glofa 'Y Cross', Cross Hands

Yr hen 'Washeries', Cross Hands –
dyma lle byddai'r gweithwyr yn glanhau a sortio'r glo
a'i arllwys i mewn i'r tryciau

Un o'r siediau ar ben y gwaith lle'r oedd y glowyr yn ymgasglu
cyn mynd o dan ddaear

Bryngwili dan eira, gyda'r tipiau yn y pellter

ffrwd, pob llwybr troed ac adfail (cartrefi'r bwganod), pob cilfach dawel lle gallen ni 'godi camp' wrth 'whare *war*'. Bydde gennym ni'r bechgyn helmedau go-iawn yr oedd ein tadau wedi eu sleifio adref o'r rhyfel – helmedau Iancs, Prydeinwyr ac ambell Almaenwr. Roedd creithiau'r rhyfel yn dal yn agored o'n cwmpas. Cafodd ein dyn llaeth ni anaf drwg a chlywes wedyn mai dim ond Complan roedd e'n gallu'i fwyta. Roedd cefnder Mam wedi marw yng ngwersyll carcharorion rhyfel Tjangi dan law milwyr Siapan.

Hyd heddiw, rwy'n dal i gofio'r llefydd gore i gasglu cnau neu i bigo plwms Greengages neu i ddwgyd fale. Ond ein hoff chware ni yn blant oedd rhedeg i fyny ac i lawr y tips glo yn 'ware Commandos'. O'r fan honno, gallem wylio'r glowyr yn dod lan ar ôl shifft y bore a chaem 'fenthyg' rhaff i wneud swing mewn coedwig gerllaw. Weithiau, byddem yn whare cuddio yn yr eithin neu'n dilyn llwybr y gylfinir i'w nyth dirgel yn y caeau yng nghysgod y tip. Ar nosweithiau Sadwrn yn yr haf, byddem yn cuddio ar ben y tip ac yn llygadu'r cariadon ifanc oedd yn edrych am fannau cuddiedig a phreifat i garu'n dawel – nes i ni, y bechgyn trowseri byrion, ddifetha eu hymdrechion drwy weiddi cynghorion aflafar arnyn nhw pan oedd pethe'n dechrau poethi!

Caffi Eidalaidd oedd Balbini's ac ymysg y cwsmeriaid roedd hen dramps a Gwyddelod. Sylwais mewn blynyddoedd hŷn bod un o'r hen dramps yn darllen llyfrau Groeg a Lladin. Roedd dau Wyddel yn byw mewn hen dryc rheilffordd, yn labro'n y dydd, bwyta platied fin nos yn Balbini's ac yn treulio pob nos yn y Cross Hands Hotel. Yr un dillad oedd ganddyn nhw ddydd a nos.

Roedd pedwar o blant yn byw drws nesa i ni ar y stad a D. Ken Jones, y chwaraewr rygbi, oedd yr ieuengaf ohonyn nhw. Aeth Ken i Goleg Rhydychen a 'dod mlân yn y byd'. Cynghorydd Llafur oedd ei dad, hen foi go iawn, 'collier'. Rwy'n cofio Ken yn dod yn ôl o'r coleg rhyw wyliau ac yn chwarae recordiau jazz drws nesaf. Fe gododd fy chwilfrydedd i – doeddwn i erioed wedi clywed dim byd tebyg iddo yn y cyngherddau yn neuadd Cross Hands. Roeddwn i'n rhoi fy nghlust ar y wal er mwyn clywed yn well ac roeddwn yn cael fy nghyfareddu. Rwy'n cofio gweld *ballet* a dawns gyfoes am y tro cyntaf ar y teledu a meddwl ei fod e'n ffantastig. Roedd Mam yn meddwl bod gen i lais neis yn blentyn ac fe aeth hi â fi am wersi canu at eisteddfotwr lleol.

Chwerthin am fy mhen i roedd y bois. Roedd hyn y tu hwnt i orwelion ein byd ni. Beth wnes i ond canu mas o diwn er mwyn i'r gwersi canu ddod i ben. Er fy mod i yn mwynhau gwneud lluniau yn blentyn a 'mod i'n gallu gwneud cartŵns oedd yn codi gwên ymysg fy ffrindiau, doedd fy nghefndir i ddim yn un oedd yn ei gwneud hi'n hawdd i mi ddweud fy mod i am fod yn artist.

Mae pethau wedi newid cymaint erbyn hyn. Mae'n braf gweld gorwelion eang gan y to sy'n codi. Roeddwn yn gwrando ar Twm fy ŵyr yn sgwrsio gyda'i fêt ar y ffordd o'r ysgol. Trafod gwneud salad oedden nhw. Beth fyddai Commandos Cross Hands wedi'i wneud o hynny! Daeth

Un o'r tipiau yng ngwaith 'Y Cross'

Twm i'r casgliad mai salad Mediterranean oedd yr un yr oedd ei ffrind yn ei wneud ond roedd e â'i fryd ar wneud salad mwy Tjeinïaidd – roedd e am ychwanegu nŵdls at y pryd!

Addysg gynnar

Plant y Gospel Hall nid plant y capel oedden ni, cryts Cae Glas. Sied sinc oedd y Gospel Hall ac roedd hi'n berffaith dderbyniol i ni fynd yno yn syth ar ôl bod yn whare ar y tips. Fyddai hi ddim yn bosib i'r bois fynd i'r capel gyda phengliniau duon.

Roedd dipyn o ddrama yng ngwasanaethau'r Gospel. Byddai pobl yn cael eu 'hachub' weithiau ac roedd y rheiny'n berfformiadau cyffrous iawn i ni'r cryts. Cafodd Paul, fy ffrind, ei achub sawl gwaith! Roedd yr emynau a'r caneuon yn llawn ystumiau ac roedd hi'n fwy o berfformiad opera na chwrdd crefyddol yno yn aml:

> 'Join the Gospel Express,
> Come along and say "Yes!"'

Saer maen a chrefftwr plastar o'r enw Eddie Wilkins oedd ein hathro Ysgol Sul. Roedd dyfyniadau crefyddol wedi'u naddu a'u paentio ar hyd cerrig wyneb ei dŷ. Yn y sied yn y cefn, roedd yn creu cofing patrymog a rhosynnau plastar ac ef oedd y crefftwr celfydd cyntaf i wneud argraff arnaf i. Cwt Eddie Wilkins oedd fy ngholeg celf cyntaf. Roedd yn dysgu'r Beibl inni drwy dynnu llun Beiblaidd ac yna adrodd y stori. Pan oeddwn i'n rhyw bymtheg oed, cefais innau wneud lluniau er mwyn dysgu rhai o'r dosbarthiadau iau. Fe fues i'n athro Ysgol Sul fel yna am rhyw ddwy flynedd ac yna fe gefais i dröedigaeth a dechrau dangos mwy o ddiddordeb mewn cwrw a merched.

Dechreuais fy addysg ffurfiol yn Ysgol Cwmgwili ac yna symud i Ysgol Cross Hands yn bum mlwydd oed. Iaith y maes chwarae oedd Cymraeg, ond Saesneg oedd iaith y dysgu yn bennaf. Does gen i fawr o gof o gael Cymraeg yn y

Tri clôs – fferm, perllan, mynwent

dosbarth a phrif ddiben yr addysg oedd ein paratoi i daclo arholiad yr 11+ yn y flwyddyn olaf. Serch hynny, roeddwn i'n ddysgwr da yn yr ysgol gynradd a llwyddais i basio'r arholiad hollbwysig hwnnw. Y fi oedd y cyntaf yn ein teulu ni i basio'r 11+ ac roedd y disgwyliadau'n uchel oherwydd hynny.

Pan symudais i Ysgol Ramadeg y Gwendraeth gyda rhai o fy ffrindiau ym Medi 1960, roedd pawb yn ein teulu ni yn disgwyl gwyrthiau. Falle y byddwn i'n mynd i'r brifysgol ac yn mynd yn ddoctor, neu'n well byth yn mynd yn fet ...

Ar y cyfan, teimladau cymysg sydd gen i am yr addysg a gefais dros y saith mlynedd a dreuliais yn y Gwendraeth. Rwy'n cofio Huw Tymbl a finnau'n eistedd yn y clawdd ar ôl derbyn adroddiadau ein tymor cyntaf. Roeddwn i wedi cael un A (sef, celf) a phedair ar ddeg F. Dyna lle bu Huw a minnau yn nhin y clawdd yn newid pob F yn E. Dyna oedd patrwm y tair blynedd cyntaf – roeddwn yn methu ymhob pwnc oni bai am gelf a hanes.

Doeddwn i ddim yn hoffi'r pwyslais oedd yn yr ysgol – rhyw fath o Eton ar raddfa fwy plwyfol oedd hi, yn ymfalchïo mewn llwyddiant yr '*Oxbridge type*'. Gwisgai'r athrawon eu gowns duon gan barêdio eu graddau prifysgol ac roedd pawb yn edrych i lawr ar y Gymraeg. Roedd bron pob athro yn medru ei siarad hi, ond doedd neb yn dewis gwneud hynny.

Un eithriad oedd athrawes ifanc o'r enw Joy Harries. Cododd hi fy niddordeb mewn digwyddiadau gwleidyddol ac ar ei chais, dechreuais lunio posteri i'r Blaid yn 1965.

Y bregeth ddyddiol adref oedd plygu i'r drefn, derbyn addysg dda, ymdrechu'n galed a chael fy ngwobrwyo â job heb chwys na baw. Roedd fy nhad yn undebwr, yn credu bod nerth mewn undeb ac yn gredwr mewn gwaith. Roedd yn falch o'r berthynas gref oedd rhyngddo a'i gydweithwyr ac roedd yn gweld rôl iddo'i hun wrth fod yn un o bileri'r achos yn y Cross Hands Workingmen's Club. Mynychai'r Clwb ddwywaith yr wythnos – nos Wener a nos Sadwrn – i gwrdd â'i ffrindiau o'r gwaith, i gael rhyw bump i chwe pheint, gêm o Bingo, chips – ac yna gartref. Byddai trip blynyddol y Clwb yn mynd i Ddinbych-y-pysgod, Ceinewydd neu Borthcawl a châi pob plentyn hanner coron i'w wario ar y dyddiau rheiny. Byddai dros ugain o fysys yn gadael y pentref. Hawdd iawn oedd nabod glowyr yn torheulo ar y traeth – roedd creithiau gleision ar eu coesau, eu breichiau a'u cefnau.

Credai 'Nhad yn y '*work ethic*' – bod yn rhaid i bob dyn gael gwaith i gynnal ei deulu. Fe ddechreuais innau weithio ar rownd bapur yn naw oed, gan ddal ati nes gadael yr ysgol. Hon oedd yr unig ffordd imi ennill arian poced ac mae'r arfer o beidio â bod yn segur yng ngwreiddyn fy mod hyd heddiw.

Roedd y glowyr yn falch o'u Llyfrgell a dechreuais innau ymddiddori yng nghynnwys honno. Llyfrau Saesneg a ddarllenwn yn bennaf – straeon am antur ar y môr ac mewn gwledydd pell, straeon cowbois. Yn ddiweddarach dyma fagu blas at lenyddiaeth fwy gwleidyddol – Steinbeck, Jack London, Zola. Roeddwn yn ehangu fy ngorwelion wrth ddarllen – roedd yn ffordd o ddianc o Gymru gan gadarnhau fy nhueddiadau gweriniaethol a meithrin fy athroniaeth ddosbarth gweithiol.

Drwy'r cyfnod hwn roeddwn yn ymddiddori hefyd mewn braslunio yr hyn oedd o'm cwmpas – yr ardd, cymdogion, y pwll glo. Roedd celf yn dod yn fwyfwy pwysig imi a byddwn yn mynd allan i fraslunio o gwmpas y pentref. Er gwaethaf yr holl ddisgwyliadau a'r pwysau arnaf i 'berfformio' yn academaidd, roedd yr hedyn creadigol wedi'i blannu'n ddwfn ynof. Erbyn blynyddoedd llencyndod, roeddwn yn sicr mai celf oedd fy maes ac er nad oedd llawer o arwyr naturiol i'm harwain ar hyd y llwybr hwnnw yn y Cross, roedd y dewis wedi'i wneud.

Roedd dau gartref allweddol ar ddiwedd fy rownd bapur dydd Sul. Mab oedd wedi mynychu coleg celf oedd yn byw yn y cyntaf ac roedd y tŷ yn llawn lluniau a phaentiadau gwreiddiol o'i eiddo. Daliodd y rheiny fy sylw. Bardd oedd yn byw yn yr ail gartref – cyn-löwr oedd yn dioddef gan y llwch, ac roedd ei iechyd wedi torri. Ar brynhawniau Sul, byddwn yn eistedd yn y gegin yn cael paned gyda fe ac yn gwrando arno'n trafod barddoniaeth a'i waith personol. Dyna ddau uchafbwynt fy mywyd celfyddydol yn Cross Hands.

Gwarllwyneidos

Mae 'na le arall sydd wedi chwarae rhan bwysig yn fy mywyd. Merch o gefn gwlad Ceredigion oedd Mam a doedd hi ddim wedi symud i ardal y pyllau glo tan tua 1944. Yn aml iawn, bydden ni fel teulu yn mynd 'gartre' i aros ar fferm fy mam-gu a'm tad-cu, sef Gwarllwyneidos. Fferm tua 340 erw yn gorwedd ar y bryn uwch afon Cletwr rhwng Pontsiân a Thalgarreg oedd hi. Dyna lle'r oedd teulu fy mam yn ymgynnull o bryd i'w gilydd – tair modryb, dau wncwl a llond sawl cae o gefndryd.

I'r 'wlad' y byddwn i'n mynd am bythefnos bob haf, am ychydig ddiwrnodau ar ôl y Nadolig ac am sbel dros y Pasg. Bob gwyliau ysgol, roedd yna gyfnod o fynd nôl 'gartre'. Wedi imi dyfu'n hŷn, cawn fynd nôl fy hun ac aros gyda fy Anti Nans neu Anti Sali.

Un o dips Cross Hands

Yr atgof o Gwarllwyneidos yn un o fy narluniau yn yr arddangosfa
'Tri Chae' yn Neuadd Dewi Sant, Tachwedd 2010

Tŷ cyngor oedd ganddon ni yn y Cross ac roedd rhyw deimlad o hyd bod 'tir y teulu' yng Ngheredigion. Honno oedd yr etifeddiaeth. Lan yn y wlad roedd pethe hyfryd fel ffowlyn, menyn, llaeth enwyn neu sach o dato yn cael eu rhoi yn rhoddion inni fynd yn ôl gyda ni i'r tŷ cyngor. Er bod ein teulu ni wedi gadael y fferm ers rhyw ugain mlynedd bellach, mae fy mherthnasau yn yr ardal honno o hyd a phe bawn i'n

Croesi afon Teifi

codi fy ngwreiddiau a symud tua'r gorllewin, i ardal Pontsiân a Thalgarreg yr awn i, nid i Cross Hands.

Wrth eistedd ar ben tip yn y Cross, ddydd neu nos, roeddwn yn gallu gweld fy myd yn agor fel map o'm blaen. Y lle hwnnw roddodd y 'trem aderyn' yna sy'n nodweddiadol o fy nghyfansoddiadau – y *bird's eye view*. Copa'r tip roddodd lygad imi weld y wlad, ei hanes a'i daearyddiaeth, ei phatrymau a'i lliwiau o'r naill dymor i'r llall. Mae pedair hewl yn arwain allan o'r pentref yn y dydd, ac yn y nos mae pedair rhes o oleuadau stryd yn goleuo'r priffyrdd tua'r pedair tref ar y gorwelion. Yn union oddi tanaf, yng nghysgod y tip, mae 74 Cae Glas a ffenest fy ystafell wely.

Tri glöwr o Ystradgynlais – un o luniau Joseph Herman

Yng Ngwarllwyneidos ar y llaw arall roedd – ac y mae o
hyd – ffynnon o syniadau am gefn gwlad Cymru. Gwelaf y
caeau bychain yn gwiltiau amryliw ar lechweddau ac yn y
dyffrynnoedd, pob un gyda'i enw unigryw ei hun. Gwelaf yr
adeiladau yn glwstwr o amgylch y clos – y beudy, sied y tarw,
llaethdy, sied wair, ffermdy. Y term *vernacular* sy'n dod i'r
meddwl. Gwelaf y berllan a'r cychod gwenyn; gwelaf
lwybrau'r anifeiliaid; gwelaf y ffyrdd gwledig, troellog rhwng
y waliau a'r cloddiau sy'n mynd â ni ar dripiau i Geinewydd
neu Langrannog ar y Sul. Gwelaf fy nhad-cu yn codi oddi

wrth y bwrdd cinio – cawl oedd i ginio bob dydd – a'r cŵn yn codi wrth ei sodlau fel milwyr ffyddlon. Os oedd hi'n bwrw glaw, byddai'n taflu hen sach dros ei ben a'i ysgwyddau. Dyna'r darlun sydd gen i ohono – côt flêr, cap ar ei ben, trwser mwdlyd, sgidie trymion am ei draed a sach fel clogyn, yn sefyll mewn cae yn astudio'r cnydau neu'r tywydd, a dau neu dri o gŵn o'i gwmpas yn patrolio yn ddi-baid.

Byddai cathod hanner gwyllt yn y sied wair; byddai rhuo tarw yn dod o'r sied y cawn fy siarsio byth i fynd ar ei chyfyl; byddai brain yn nythu yn y coed ar waelod y clôs ac yn y coed yng nghefn y ffermdy. Cawn fynd i bysgota yn afon Cletwr a hela ar Ŵyl San Steffan.

Dyna'r ddwy brif ddelwedd sydd yn fy ngwaith – gweledigaeth o ben tip a llwybrau bywyd y fferm wledig. Y ddau le yna yw'r dylanwadau mwyaf ar fy mywyd ac ar fy ngweledigaeth fel artist yn ogystal.

Y sioe gelf go iawn gyntaf i mi ei gweld oedd arddangosfa o waith Joseph Herman yn Oriel Glyn Vivian, Abertawe tua 1965. Glowyr a phobl pentref Ystradgynlais oedd testunau, modelau ac arwyr Joseph Herman ac roedd hi'n agoriad llygad i mi weld y gweithwyr a'u dosbarth yn cael eu dyrchafu fel hyn. Ganwyd Joseph i deulu Iddewig o Warsaw yn 1911 ond gadawodd yn 1938 gan grwydro drwy wlad Belg i Glasgow ac yna setlo yng nghymdeithas lofaol Ystradgynlais. Ailganfyddodd ei wreiddiau yno i fwydo ei gelfyddyd a'i enaid. Mae gerwinder y gweithfeydd yn ei baentiadau ond hefyd cynhesrwydd cymdeithas dyn sy'n llafn o olau drwy'r tywyllwch. Wrth edrych ar ei waith, sylweddolais y gallwn innau ddefnyddio fy milltir sgwâr fy hun fel testun.

Agorai llwybr o'm blaen ac eto doedd hi ddim yn hawdd i mi – yn fab i löwr ac yn aelod o'r dosbarth 'cyffredin' – i fynegi'r awydd i gerdded y llwybr hwnnw. Roedd hi'n

Ymweld â Gwarllwyneidos – ffynnon syniadau

ddealladwy os oedd llanc eisiau dyrchafu ei hun i fod yn athro, gwas sifil neu ddoctor; peth arall oedd dyheu am fod yn artist. Rhyw bobl ryfedd oedd y rheiny a doedd 'na 'run ohonyn nhw i'w cael yn Cross Hands. Cadw'n dawel oedd orau!

Yr hewl o Cross Hands

Daeth fy amser yn Cross Hands i ben yn 1967. Symudodd fy rhieni i Lanybydder yn y flwyddyn honno pan adawodd fy nhad y gweithiau glo a chael swydd fel gofalwr ysgol yn Llanybydder. Arhosais i gyda Winston fy mrawd yn y Tymbl i orffen fy Lefel A cyn mynd draw i fyw at fy rhieni a'm chwaer yn Llanybydder. Treuliais ychydig wythnosau yn gweithio ar seit adeiladu.

Pharhaodd hynny ddim yn hir. Roedd yr amser wedi dod imi adael aelwyd fy rhieni a doeddwn i ddim am ddechrau bwrw gwreiddiau o'r newydd yn Nyffryn Teifi. Aeth yr hewl â fi i Lundain. Roeddwn wedi cael fy hudo gan Jack Kerouac, *On the Road*, bryd hynny ac yn y bôn dianc i'r ddinas wnes i. Cyn dyddiau'r M4, roedd y brif hewl drwy dde Cymru, yr A40, yn croesi drwy'n pentref ni. Dim ond i rywun sefyll tu fas i'r Cross Hands Hotel a dal ei fawd i gyfeiriad y dwyrain, ac mi fydde'n siŵr o gael lifft mewn lori

*Y Cross Hands Hotel – mewn cyfnod chydig cynharach
na fy mhlentyndod i!*

Dylunio 'Rebal wicend' ar gyfer casgliad o gerddi i bobl ifanc mewn cyfnod diweddarach!

i Govent Garden neu Smithfield dros nos. Dod yn ôl oedd y gamp.

Treulio blwyddyn neu ddwy yn cael blas ar y byd cyn penderfynu ar gwrs coleg oedd y nod. Mae cymryd 'blwyddyn allan' yn rhywbeth ffasiynol iawn y dyddiau hyn a fy nghyngor i i rai sy'n awyddus i wneud hynny yw gofalu fod y profiadau y byddwch yn eu casglu o flwyddyn o'r fath yn werthfawr ichi yn eich cwrs neu'ch gyrfa ar ôl hynny. Dyw treulio'r flwyddyn yn diogi neu'n gwneud rhyw waith diflas i ennill chydig bunnoedd yn ddim byd ond gwastraffu amser!

Rhoddais gynnig am waith gyda'r GLS, yr hen wasanaeth sifil. Cefais gyfweliad a chyfle i ymuno â'r gwasanaeth, ond doedd parchusrwydd y sefydliad ddim yn apelio. Gwrthodais y cynnig a threulio peth amser yn cysgu'n ryff. Dechreuais ar job dros dro ym myd arlwyo – gweithio mewn hostel i'r heddlu yn Soho yng nghanol y ddinas a byw mewn digs. Cefais flas ar y busnes hwnnw a chyn hir roeddwn yn rheolwr gwesty dan hyfforddiant gyda

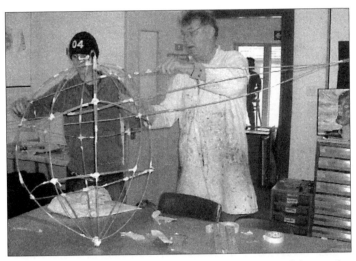

Rwyf wedi mwynhau bod yn athro ar blant ac arwain gweithdai erioed

chwmni Bass Charrington yn Stow-in-the-Wold yn y Cotswolds. Chwe mis yn ddiweddarach, roeddwn wedi cael hen ddigon a phenderfynais symud ymlaen.

Dyma fi – rwy'n sefyll ar blatfform gorsaf Cheltenham yn taflu darn hanner coron i'w awyr. Cynffon, nôl i Lundain; pen, nôl gartref. Y pen enillodd y dydd ac ar ôl glanio yn Llanelli, llwyddais i gael gwaith fel greinder mewn ffatri beirianneg a digs yn y dref.

Fel y mae lwc neu ffawd yn taro weithiau, roeddwn yn aros yng nghartref chwaer darlithydd yng Ngholeg y Drindod, Caerfyrddin ac ar ei hanogaeth hi gwnes gais i'r coleg a chael fy nerbyn ar y cwrs hyfforddi athrawon. Fis Medi 1968, dechreuais ar gwrs tair blynedd i fod yn athro.

Ymhél â chelf oedd y freuddwyd o hyd a thybed a ddylwn fod wedi dilyn y reddf honno a mynd i goleg celf i dderbyn hyfforddiant ffurfiol. Mynd am 'waith go iawn' enillodd y dydd – roedd bod yn athro yn broffesiwn ac yn llawer mwy diogel na bywyd rhamantaidd ond anwadal yr artist. Roedd y '*work ethic*' yn dal i fod yn ddylanwad arna i, er mawr ryddhad i fy rhieni.

Bu Coleg y Drindod yn llawer mwy o ddylanwad arna i nag Ysgol Ramadeg y Gwendraeth. Fe wnes i fwynhau'r bywyd coleg yn aruthrol a chael blas ar yr addysg hefyd, yn arbennig y stiwdio gelf o dan arweiniad Bob Hunter. Roedd yn athro da ac yn artist cydnabyddedig, yn arddangos ar hyd ac ar led Cymru a thros y ffin gyda'r ''56 Group', criw o arlunwyr eithaf dylanwadol yng Nghymru ar y pryd. Dangosodd imi ei bod hi'n bosib cynnal swydd a bod yn greadigol yr un pryd a chael gwaith wedi'i arddangos yn gyson. Cafodd gryn ddylanwad arnaf a rhoddodd sylfeini i batrwm fy mywyd am yr ugain mlynedd dilynol.

Hanes oedd un arall o fy mhynciau Lefel A a chyn-athro o'r Gwendraeth, Gareth Jones, oedd yn dysgu addysg celf a hanes celf imi. Roedd ganddo wallt slic du wedi'i gribo'n ôl o'i dalcen yn Ysgol y Gwendraeth ac roedd yn hen fwbach annifyr. Erbyn dyddiau Coleg y Drindod, roedd fel brawd i John Lennon, ei wallt yn llaes a'i deis yn flodeuog ac yn hen foi iawn – a mwynheais ei gwrs yntau yn fawr. Roedd Draciwla wedi troi'n Beatnick dros nos!

Bu'r tri ymarfer dysgu a gefais yn ystod blynyddoedd coleg yn bleser pur. Gwyddwn fy mod yn athro naturiol ac yn wirioneddol joio'r job. Deuthum i gredu o'r newydd bod derbyn addysg dda yn rhoi pŵer i'r unigolyn – mae'r athroniaeth Fabian hon am addysg wedi bod yn sylfaen i fy ngweledigaeth ers hynny.

Yn ystod y cyfnod coleg, priodais â Glenys (cyn-ddisgybl yn y Gwendraeth) ac erbyn fy mlwyddyn olaf yn y Drindod roeddwn yn byw mewn bwthyn yn Llansteffan, gyda Glen ac Aron, ein mab.

Wi'n meddwl bod pawb yn gwrando arna i?

Dechrau ar yrfa athro

Ar ddiwedd tair blynedd yng Ngholeg y Drindod, roedd gen i dystysgrif, ond doedd gen i ddim swydd ac roedd gen i deulu bach i'w gynnal. Drwy'r haf hwnnw bûm yn gweithio ar safle adeiladu arall ond byddwn yn galw heibio swyddfa addysg y sir yng Nghaerfyrddin bron yn ddyddiol i weld os oedd unrhyw argoel o waith athro llanw neu athro dros dro.

Synnwn i ddim na chafodd y swyddog lond bol ar fy ymweliadau cyson oherwydd ar ddiwedd mis Awst cefais gynnig blwyddyn o gytundeb yn Ysgol Pantycaws – ysgol fechan tri athro wedi'i lleoli mewn ardal wledig rhwng Efail-wen a Llanglydwen yng ngogledd Sir Gâr.

Taith o hanner can milltir yn ddyddiol ar gefn moto beic rhwng Llansteffan a Phantycaws oedd dechreuad fy ngyrfa athro. Ar ôl ychydig wythnosau o'r teithio dyddiol yma, roeddwn wedi cael digon ar yr Honda a phenderfynasom symud i'r ardal. Cawsom afael ar ffermdy gwag yn Hebron oedd yn cael ei gynnig ar rent o ddwy bunt yr wythnos.

Symudodd Glenys, Aron a minnau i'r tŷ a mwynhau cwmnïaeth cymdogion hyfryd. Tŷ mawr ar ochr bryn oedd wedi cynnal siop ar un adeg oedd y cartref, felly dyma fi'n dechrau defnyddio'r hen siop fel stiwdio.

Cefais y cyfle i arddangos fy ngwaith am y tro cyntaf mewn sioe oedd wedi'i threfnu gan y Parchedig Tywyn Jones. Roedd nifer o arlunwyr yn cyfrannu darnau i'r sioe honno ac roeddwn mewn cwmni da iawn gan fod Aneurin Jones yn un ohonynt!

Cefais flwyddyn arall o gytundeb yn Ysgol Pantycaws ac yna symudwyd yr ysgol i adeilad newydd yn Efail-wen. Roedd plentyn arall ar y ffordd erbyn hynny ac yn 1972 ganwyd Medi.

Erbyn hynny roeddwn yn sicr fy mod eisiau symud allan

o'r sector cynradd a chanolbwyntio ar ddysgu celf yn y sector uwchradd. Gwelais hysbyseb yn y *Western Mail* yn cyhoeddi bod swydd athro celf yn wag yn yr Ysgol Uwchradd Fodern yng Nghraig yr Eos, Penygraig, Cwm Rhondda. Yn dilyn cyfweliad llwyddiannus, cefais gynnig y swydd ac fe'i derbyniais, wrth gwrs.

Ym Medi 1973 felly, dyma fi'n symud i fyw i'r Rhondda. Bu'n rhaid i Glenys a'r plant aros gyda'i rhieni hi yng Nghwm Gwendraeth tra oeddwn innau yn byw mewn digs yn Nhonyrefail. Erbyn mis Tachwedd, roedd gennym dŷ yn Ynysybwl – hen dŷ'r ysgol yng nghanol yr hen bentref.

Agorodd pennod newydd yn fy mywyd wrth imi ddysgu celf fel pwnc. Roeddwn yn treulio mwy o amser yn gwneud gwaith personol rhwng ac weithiau yn ystod gwersi. Roeddwn yn ymddiddori ym myd gwleidyddiaeth leol ac wedi ymuno â'r Blaid yn y 'Bwl gan ddechrau cynllunio posteri, taflenni a bwletinau newyddion ac ati. Unwaith eto roeddwn yn falch o fedru cynnig fy ngwasanaeth drwy wneud 'Celf bob dydd' at ddiben y gymuned.

Yn yr ardal hon y deuthum ar draws dysgwyr am y tro cyntaf – roedd yr oedolion hyn yn ailddarganfod eu Cymreictod ac yn dysgu'r Gymraeg. Ar ben hynny, roedd ysgolion Cymraeg yn agor ledled y cwm a llawer o rieni yn dewis addysg Gymraeg i'w plant. Roedd y cyfnod hwn yn agoriad llygad i mi – pan gyrhaeddais yno gyntaf, roeddwn yn meddwl mai rhywbeth oedd yn perthyn i'r gorffennol oedd y Gymraeg yn y Cymoedd, ond sylweddolais yn fuan fod dadeni ar droed.

Ddwy flynedd yn ddiweddarach, fe symudon ni i Bontypridd. Erbyn 1978 roedd hi'n amlwg bod yr hen sector Uwchradd Fodern yn crebachu ac yn diflannu a bod ysgolion cyfun newydd yn cael eu sefydlu yn eu lle. Daeth fy swydd yn y Rhondda i ben ond bûm yn ddigon ffodus i gael cyfweliad ar gyfer swydd athro celf yn ysgol newydd

Hen bont Pontypridd a dylanwad y Cymoedd

Gymraeg Glantaf yng Nghaerdydd.

Ym Medi 1978, dechreuais ar fy swydd newydd yn gyfrifol am gelf yn Ysgol Gyfun Gymraeg Glantaf. Dyna wireddu breuddwyd – o'r diwedd, roeddwn yn rhedeg fy adran gelf fy hun. Bellach roedd gen i'r rhyddid a'r cyfrifoldeb i weithredu yn ôl fy ngweledigaeth a'm hathroniaeth fy hun gan anelu at greu adran fywiog yn cynnig addysg greadigol a gwerthfawr.

Roedd yr ysgol yn tyfu o flwyddyn i flwyddyn ac roeddwn innau yn medru adeiladu'r adran yn raddol ac yn ofalus. Daeth Angharad Roberts i ymuno â mi ar y staff ac roedd y ddau ohonom o'r un meddylfryd, yn caru'r pwnc ac

Ymgyrchu dros ryddid yn Ne Affrica

yn mwynhau arwain y disgyblion ymlaen i feysydd eraill ym myd celf.

Bu'r blynyddoedd hyn hefyd yn rhai gweithgar yn wleidyddol – roeddwn yn bwrw iddi ym myd undebaeth athrawon ac yn ysgrifennydd sir UCAC am ddeng mlynedd. Bu'n ddeuddeng mlynedd cynhyrfus yn y byd gwleidyddol ac roeddwn yn gwneud mwy o waith fel dyluniwr posteri, taflenni a baneri – ar ran y mudiad Gwrth Apartheid, Streic y Glowyr ac ymgyrchoedd eraill. Roedd fy ngwaith personol yn cael llai a llai o sylw yn y 1980au gan fod cymaint o bethau eraill yn digwydd.

Erbyn diwedd y degawd hwnnw, roedd hi'n amlwg bod newidiadau sylfaenol ar y gweill ym myd addysg – roedd y Cwricwlwm Cenedlaethol ar y gorwel ac roedd mwy a mwy

Llun staff Ysgol Craig yr Eos

Noson gadael UCAC   *'Panto' Ysgol Glantaf*

Siôn Corn yn cefnogi'r glowyr

o broblemau cyllidol gan ysgolion. Doeddwn i ddim yn siŵr os oeddwn i eisiau parhau â gwaith athro – dechreuais chwarae â'r syniad o'i mentro hi fel artist go iawn gan wireddu hen freuddwyd fy mhlentyndod.

Cefais lawdriniaeth ar fy nhrwyn yn 1989 – rhyw broblem gyda'r asgwrn ers ffeit dyddiau plentyndod. Roeddwn ar bapur doctor am wythnosau a'r wythnos gyntaf roeddwn yn ôl yn y gwaith – ym Medi 1989 – roedd cyfarfod staff ar y nos Iau. Cyhoeddodd y prifathro bod yr ysgol yn wynebu toriadau cyllid llym a bod angen i bob adran godi arian eu hunain er mwyn cynorthwyo i brynu adnoddau. Hwnnw oedd y gwelltyn olaf. Doeddwn i ddim wedi dod i fyd addysg er mwyn gwerthu raffls i brynu paent. Euthum i weld y prifathro drannoeth a dweud wrtho y byddwn yn aros yn fy swydd nes bod y to presennol o fyfyrwyr Lefel A wedi cwblhau eu cyrsiau, ond yna byddwn yn gadael y swydd.

Un o bosteri Streic y Glowyr

Dechrau byw fel artist

Mae'n rhaid i mi gyfaddef mai athro cenfigennus oeddwn i! Cawn bleser mawr yn gweithio gyda'r disgyblion, yn ehangu eu gorwelion ym maes celf, yn datblygu'u doniau a'u paratoi ar gyfer eu gyrfaoedd. Ond pan fyddwn yn eu gweld yn gadael i dderbyn hyfforddiant mewn cyrsiau celf, fe fyddwn yn hollol genfigennus! Dyna'r oeddwn i wedi bod yn dyheu amdano ar hyd y blynyddoedd. Roedden nhw'n gadael y colegau ac yn mynd yn ffotograffwyr, animeiddwyr, cynllunwyr ffenestri gwydr ac ati – roeddwn yn mwynhau eu llwyddiant ond yn dal i ddyheu am gael datblygu fy nhalentau fy hun.

Cefais lawer o brofiadau ardderchog fel athro. Fy agwedd i at addysg oedd fy mod bob amser yn canmol y plant a'u gwaith. Roeddwn wastad yn dweud wrth blant, 'Mae hwnna'n dda'. Doedd gen i ddim syniad beth oedd gwir gefndir fy nisgyblion na beth oedd yn digwydd yn eu bywydau y tu allan i'r ysgol, ac felly pwy oeddwn i i feirniadu'r delweddau roedden nhw'n gweithio arnyn nhw yn ystod y gwersi celf.

Roeddwn yn codi peint o Brains Dark yn nhafarn y Maltsers yn yr Eglwys Newydd beth amser ar ôl gadael yr ysgol a dyma lais o'r tu ôl imi yn dweud, '*I'll buy that one.*' Llanc ifanc oedd yno erbyn i mi droi i weld.

'Chi ddim yn cofio fi, nag ych chi?' meddai.

'Nagw,' bu'n rhaid i mi gyfaddef.

Dywedodd ei enw wrthyf. Canodd cloch yn rhywle. Un o gyn-ddisgyblion Glantaf.

'Pan oeddwn i yn yr ysgol,' meddai, 'yr ystafell gelf oedd yr unig le diogel i mi yn yr ysgol.'

Roedd yn cael stŵr gan bron bob athro arall yn yr ysgol. Byddai'n cael ei bwno gan ei dad bob nos a phan ddôi i'r ysgol, byddai'n cael clipsen gan ryw athro neu'i gilydd. Mae'n rhaid fy mod i wedi sylweddoli bod rhywbeth yn digwydd yn ei fywyd ef oherwydd roeddwn wedi dweud wrtho yn ystod un gwers gelf, 'Cwata di fan hyn.'

Aeth ymlaen i ddweud mai dwy uchelgais oedd ganddo wrth adael yr ysgol – pwno'i dad, a phwno un athro arall oedd wedi bod yn fwli didrugaredd arno. Roedd eisoes wedi cyflawni'r uchelgais o roi curfa i'w dad a phan ddaeth ar draws yr athro arall hwnnw, roedd yn digwydd cario dau fag o sment ar ei ysgwydd ar y pryd. Cysidrodd daflu'r ddau fag i lawr a rhoi'r gurfa ddyledus i'r athro, ond pwyllodd gan wybod y byddai hynny yn costio ei waith iddo.

Dŵr dan bont bellach, ond mae'r stori fach yna wedi gadael argraff ddofn arna i. Gall celf achub yr unigolyn; mae'n ei dynnu mas o'r pydew. Heb gelf, Duw a ŵyr lle bydden i. Na, rhaid i mi gywiro'r gosodiad yna – heb gelf a heb Glenys, Duw a ŵyr lle bydden i!

Erbyn haf 1990, roeddwn yn rhydd o ofalon adran gelf yr ysgol. Roedd Aron wedi gadael ysgol, wedi sicrhau grant ac yn dilyn cwrs Celf Gain yn y Coleg Celf erbyn hyn – os oedd gen i genfigen at gyn-ddisgyblion, gallwch fentro ei fod ganwaith gwaeth at fy mab fy hun! Dechreuodd Medi ar ei chwrs Lefel A, ond roedd hi wedi penderfynu peidio ag astudio celf at y lefel honno. Pe bai wedi dewis y pwnc, byddwn wedi aros yn bennaeth yr adran am ddwy flynedd arall. Roedd gan Glenys jobyn da erbyn hyn felly roedd seiliau ariannol digon cadarn gan y teulu.

Ers 1988, roeddwn wedi gwneud mwy a mwy o waith achlysurol fel dylunydd llyfrau plant. Yn rhyfedd iawn, i'r Cwricwlwm Cenedlaethol felltith yr oedd y diolch am hynny! Roedd Bryan James, cyn-ddirprwy bennaeth Glantaf wedi'i benodi yn uwch-swyddog yn paratoi deunydd ar gyfer Cwricwlwm Cymru. Gan fod angen mawr am luniau lliw llawn gwreiddiol yn cynnig straeon a chelf Gymreig, roeddwn yn cael cyfle i weithio i awdurdod oedd â chyllid a sicrwydd dosbarthiad na fedrai'r un wasg annibynnol gystadlu ag ef.

Doedd gen i ddim gwybodaeth dechnegol ynglŷn â sut i baratoi gwaith celf ar gyfer argraffwyr bryd hynny. Roeddwn wedi clywed rhywbeth am *'overlay'*, *'colour separation'* a *'registration marks'* ar gyfer gwaith stafell dywyll y gweisg off-set litho, ond doedd dim clem gen i beth oedd hynny yn ei olygu. Bu'n rhaid i mi gyfaddef hynny wrth Bryan ac fe wnaeth e hi'n hawdd iawn imi fedru cyfaddef fy anwybodaeth er mwyn dysgu unrhyw driciau crefft yn y dyfodol. 'Dos lan i weld Gwasg Gwynedd a gofyn iddyn nhw,' medde fe. Dyna wnes i a chael pob cymorth a chyngor nes bod y cyfan yn eglur imi. Dim ond drwy holi mae casglu gwybodaeth.

Y llyfr cyntaf a ddyluniais oedd *Marged a'r Deinosor* a dilynwyd hwnnw gan *Brenin Dau Flewyn*. Cafodd y rhain ymateb da fel llyfrau darllen mewn ysgolion ar draws Cymru a daeth mwy o gynigion i'm rhan. Roedd hwn yn gyfnod pan oedd angen llawer o adnoddau addysgol newydd, yn ogystal â llyfrynnau arholiadau TASau a gan fod dylunwyr oedd yn medru darllen Cymraeg yn brin, roedd llawer o alw am fy ngwasanaeth.

Gadael swydd athro ond heb adael byd plant a byd addysg – roedd y trefniant newydd yn fy nharo fel un deniadol dros ben.

Rhai llyfrau plant a ddyluniais

Stiwdio i mi fy hun

Ychydig fisoedd cyn i mi adael Glantaf, daeth hys-bys i'r ysgol yn gwahodd disgyblion ac athrawon i ddiwrnod agored yn stiwdios AADW (*Artists and Designers in Wales*) – corff a oedd ar y pryd yn gweinyddu dau adeilad yn y Bae oedd yn llawn stiwdios a gweithdai ar gyfer artistiaid. Derbyniais y gwahoddiad a mynd i'r diwrnod agored yn un o'r adeiladau yn Collingdon Road, ac yno y cwrddais â Tony Goble, artist eithaf enwog yng Nghaerdydd a thu hwnt oedd hefyd yn athro preswyl yn Neuadd Llanofer yn y ddinas.

Mae'n rhaid bod ffawd yn gwenu arnaf y diwrnod hwnnw – yn gyntaf, bûm yn ddigon ffodus i gyfarfod â Tony a sefydlu perthynas ag e fyddai'n para dros yr ugain mlynedd dilynol; yn ail, cefais gynnig stiwdio yn yr adeilad yn

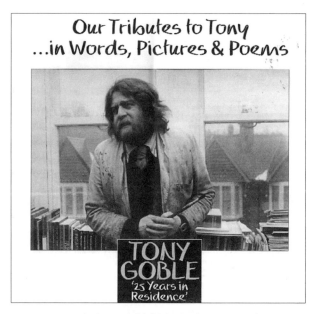

Un o'r rhai gafodd ddylanwad mawr arnaf

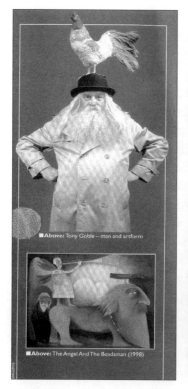

■Above: Tony Goble – man and artform

■Above: The Angel And The Beadsman (1998)

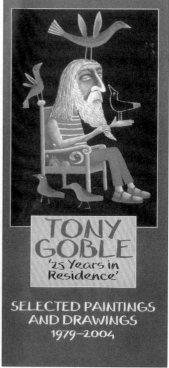

TONY GOBLE

'25 Years in Residence'

SELECTED PAINTINGS AND DRAWINGS 1979–2004

'Tony' – yr arlunydd 'eccentric'

Collingdon Road. Wrth edrych yn ôl, adeilad digon gwael a thamp oedd hwnnw. Dyw'r adeilad ddim yno bellach – a dweud y gwir, dyw'r stryd ddim yno chwaith. Chwalwyd y cyfan i wneud lle i Rodfa Lloyd George a datblygiadau newydd y Bae. Ond roeddwn i wedi gwirioni ar y syniad fod gen i fan gweithio i mi fy hun a hynny mewn adeilad oedd yn cael ei rannu gydag artistiaid eraill.

Roeddwn wedi sôn wrth Tony am fy mwriad i adael dysgu, a'i gyngor imi oedd bod angen dau beth arnaf – stiwdio a chyfrifydd. Cyn gynted ag y llenwais y ffurflenni angenrheidiol, derbyniais yr allweddi i'r stiwdio. Doedd neb arall eisiau'r ystafell hon mewn gwirionedd – roedd yn fawr, yn llaith, gyda dim ond un ffenest yn y to. Roedd darn meddal yn y llawr yn y gornel bellaf a'r cyngor a gefais oedd, 'Paid â neidio fan hyn neu fe fyddi di'n gorffen lan ar y llawr gwaelod!'

Ym Mehefin 1990, dechreuais baratoi fy stiwdio newydd ar gyfer y diwrnod mawr ddechrau Medi pan fyddai un drws yn cau ac un arall yn agor. Er mor oer a diflas oedd hi erbyn diwedd yr haf, roeddwn yn falch fod gen i le neilltuol i fynd i wneud fy ngwaith wrth ddechrau ar fy swydd newydd. Mae'r ddisgyblaeth o orfod gadael y tŷ a mynd i'r gwaith yn ddyddiol yn un bwysig. Er nad oedd siec ddibynadwy ac otomatig yn cyrraedd fy nghyfri banc ar ddiwedd pob mis, roeddwn yn parhau i gadw at drefn diwrnod gwaith rheolaidd. Fyddwn i ddim wedi medru byw yn fy nghroen yn gweithio mewn slipers ar fwrdd y gegin. Yn ffodus, roedd bwth ffôn cyhoeddus y tu allan i'r stiwdio yn Collingdon Road oedd yn fodd i mi ddal cysylltiad â chwsmeriaid a chleientau.

Tueddwn i rannu'r dydd yn ddau hanner – yn y bore, gweithiwn ar unrhyw waith comisiwn oedd gen i ar y pryd gan anelu at ei orffen ymhell cyn y dedlein. Yna yn y prynhawniau clustnodwn amser i ddatblygu unrhyw brosiectau personol – fy mhaentiadau a'm lluniau fy hun – ar gyfer sioeau yr oeddwn yn siŵr fyddai'n dod fy ffordd cyn bo hir.

Yn raddol, cynyddai fy rhestr o gleientau – gweithiwn i sawl cyhoeddwr ar draws Cymru, gan greu lluniau i gyd-fynd â straeon a barddoniaeth i blant. Cefais gyfle i ddylunio delweddau mewn cerddi i oedolion a chreu cloriau i lyfrau oedolion. Cefais gontractau gan y BBC hefyd i greu posteri a deunydd cyhoeddusrwydd ar gyfer eu rhaglenni addysg. CBAC (Cyd-Bwyllgor Addysg Cymru) oedd y prif gorff oedd yn comisiynu gwerslyfrau i ysgolion ac unwaith eto, bûm yn ddigon ffodus drwy gyfrwng y Cyd-Bwyllgor ac awdurdodau addysg lleol o gael cyfle i wneud darluniau ar gyfer deunydd addysgol.

Un o'm comisiynau cyntaf: clawr record U-thant

O bryd i'w gilydd byddai cyfle i wneud rhywbeth allan o'r cyffredin fel cynllunio set neu fflatiau ar gyfer y theatr neu deledu. Creais set ar gyfer cynhyrchiad yn Eisteddfod yr Urdd, Abertawe yn 1993 a chynlluniais graffeg Nadolig ar gyfer S4C. Roedd y gwaith yn amrywiol a diddorol ac yn ystod y cyfnod cynnar hwn, roedd 75% o'm henillion yn deillio o'r ffynonellau uchod.

Ymhen tri mis, cefais gyfle i newid stiwdio a symud i ffrynt yr adeilad yn Collingdon Road. Bellach roeddwn mewn stiwdio gyda ffenest oedd yn edrych allan ar y stryd fawr. Wedi cyrraedd!

Un diwrnod yn ystod yr hydref hwnnw, symudodd cymydog newydd y drws nesa i mi ac unwaith eto rwy'n teimlo imi fod yn hynod o ffodus gan mai dyma un o'r digwyddiadau hapusaf a mwyaf gwerthfawr yn fy hanes ar ddechrau fy ngyrfa newydd. Fe ddeuthum i adnabod William Brown.

Cwmni a chyngor artistiaid eraill

Mae'n addysg bod yng nghwmni artistiaid eraill. Fel gyda
phob crefft mae'r rhai sy'n gweithio yn y maes yn llawn
gwybodaeth fanwl am wahanol dechnegau defnyddiol sy'n
ymwneud â hi. Gan fy mod wedi cael hyfforddiant athro,
bu'n rhaid i mi ddysgu ychydig bach am bopeth ym myd celf
a throi'n gyson o un maes i'r llall. Gofynnwyd cwestiwn i mi
mewn un cyfweliad am swydd athro a oeddwn i yn medru
gwneud gwaith crochenwaith. Atebais fy mod i, er nad
oeddwn ddim ond wedi cael rhyw bythefnos o hyfforddiant
elfennol yn y coleg. Cefais y swydd a'r peth cyntaf a wnes i
oedd mynd ar gwrs crochenwaith! Drwy'r flwyddyn gyntaf
honno doeddwn i ddim ond un cam bach o flaen y dosbarth.
Mae'r hyblygrwydd yma wedi bod yn gymorth imi wrth
wneud gyrfa o'r grefft – rwy'n barod i ddysgu o hyd ac
addasu i ateb y galwadau sy'n curo ar ddrws fy stiwdio. Mae
rhai arlunwyr yn methu'n lân â deall hyn ac yn edrych ar fy
ngwaith weithiau a holi'n syn, 'Sut ar y ddaear wnest ti
hynna?'

William Brown oedd yr artist proffesiynol cynta i mi
ddod ar ei draws – fel fi, roedd yn gweithio yn llawn amser
fel artist ond bron yn hollol ddibynnol ar ei waith personol.
Roedd yn ŵr hynaws, caredig, yn barod iawn ei gymwynas
ac yn byrlymu gyda syniadau. Deuai yn wreiddiol o
Toronto, Ontario a daeth i Gymru yn y 1980au gan briodi
Carys o Ben-y-bont, pennaeth Ysgol Gynradd Maesteg.
Roedd William yn siarad Saesneg a Ffrangeg yn rhugl ac yn
benderfynol o siarad Cymraeg trwy wylio S4C – Pobol y
Cwm yn bennaf. Fe ddangosodd i mi sut oedd golau yn
gweithio drwy baent a phapur. Galwodd fi draw i'w stiwdio
un bore. 'Gad i mi ddangos hyn iti,' meddai. Estynnodd
frwsh a rhoi dafn o las tywyll ar bapur. Estynnodd frwsh arall

Creu printiadau yn Oriel Canfas

a rhoi dafn o las golau ar hwnnw. A gwelais innau'r golau yr eiliad honno. Dyna'r math o frawdgarwch oedd yn yr Hen Lyfrgell ac sy'n parhau rhwng artistiaid Oriel Canfas.

Yn gynnar iawn yn fy ngyrfa hunangyflogedig, daeth Wiliam Brown i mewn i fy ngweithdy a gofyn i mi os oeddwn i'n medru gwneud printiadau. Dywedais fy mod wedi gwneud rhai amser maith yn ôl ond bod blynyddau ers hynny. 'Well iti ddechre gwneud rhai, gloi,' medde fe. 'Rwyt ti'n arddangos yn *Contemporary Printmakers in Wales* yn Llundain mewn deufis'. Un felly oedd William – roedd yn llawn sgams a syniadau ac yn taflu sawl cynnig i mewn i wahanol hetiau ar hyd ac ar led, ac os oedd rhywbeth yn cael ei dderbyn byddai'n rhaid gweithio â deg ewin am gyfnod. Roedd hyn yn addysg i mi – dyma lle'r oeddwn i yn hunangyflogedig, yn chwilio am rywbeth i'w wneud a mwya' sydyn byddai gen i job o waith ac roedd yn rhaid bwrw iddi, ateb y sialens ac ennill y bara menyn.

Dro arall roedd William Brown wedi cael gwahoddiad i arddangos sioe yn seiliedig ar Faust yn y Goethe Institute yn

Defnyddio sgiliau sylfaenol wrth argraffu print

yr Almaen. Daeth ataf a gofyn os oeddwn i'n gwybod rhywbeth am y cymeriad yma oedd wedi gwerthu ei enaid i'r diafol. Bu raid imi redeg allan i nôl gwerslyfr Lefel A, trochi fy hun yn y cynnwys a phaentio deg llun mewn cyfnod byr. Bu'r arddangosfa yn teithio'r Almaen am bedair blynedd.

'*Six by Six*' oedd testun sioe arall a wnaethon ni ar gyfer gwlad Belg – cyfres o luniau bychain chwe modfedd sgwâr oedd yr arddangosfa honno. Fel yna roedden ni'n gweithio ar y dechrau: creu sioeau amrywiol, llawn dychymyg a'u harddangos ar draws Cymru a'u hanelu at Ewrop, India ac America yn hytrach na cheisio dilyn y duedd fod pob llwybr yn arwain ac yn dod i ben yn Llundain. Wrth wneud hyn, roeddwn i'n adeiladu CV diddorol i mi fy hunan. Roeddwn yn magu hyder a phrofiad hefyd ac roedd hynny hefyd yn bwysig yn eu tro. William Brown oedd fy sbardunwr cyntaf, yn llawn syniadau a brwdfrydedd ac yn cynnwys ei ffrindiau ymhob cynllun oedd ar droed.

Un arall o fy nghyd-artistiaid yn Oriel Canfas yw Alun Hemming. Y fe ddysgodd imi sut i fframio fy ngwaith. Ers blynyddoedd rwyf wedi fframio pob gwaith fydda' i wedi'i orffen – mae hyn yn arbed cannoedd o bunnoedd y flwyddyn i mi wrth baratoi ar gyfer arddangos fy

Alun Hemming, fy athro fframio yn Oriel Canfas

ngwaith. Ar ben hynny mae'n cynnig gwaith mecanyddol, crefftus sy'n rhoi gorffwys i'r dychymyg creadigol. Mae'n rhyddhad rhoi saib i'r brwsh a'r paent weithiau, gwneud bore o waith fframio yn y cwt yng ngardd y tŷ ac yna mynd yn ôl at waith creadigol yn ffresh fy ysbryd.

Yn fy nhro, llwyddais innau i ddylanwadu ar Alun wrth gynnig cyweithiau creu props a setiau ar gyfer rhaglenni BBC a ffilmiau animeiddio iddo. O bryd i'w gilydd mae taclo comisiynau mawr sy'n galw am gydweithio rhwng artistiaid yn sialens dderbyniol wedi cyfnodau hir o weithio ar fy mhen fy hun ac mae adnoddau oriel gydweithredol i'r dim ar gyfer hynny.

Arlunydd allweddol arall yn hanes fy ngyrfa i oedd Tony Goble, cymeriad lliwgar, barfog, hetiog o Garno yn wreiddiol oedd yn edrych yn gwmws fel y dylai artist edrych. Rwyf wedi gweld cymeriad tebyg i Tony ymhob prifddinas yn Ewrop, ond Cymro i'r carn oedd ef a Chymru a chymeriad barfog hynod o debyg iddo fe ei hun oedd prif destunau ei waith. Yn ogystal â bod yn arlunydd, bu'n drefnydd sioeau a gweinyddwr ac athro celf yn Neuadd Llanofer, Treganna am wyth mlynedd ar hugain. Y fe roddodd y cyfle cyntaf i mi gael fy arddangosfa unigol fy hun ac yn Neuadd Llanofer yn 1994 oedd hynny. Roedd Tony yn hen law ym myd celf Caerdydd ac yn aelod blaenllaw o'r grŵp Cymreig o artistiaid, yn drefnydd gweithdai ac arddangosfeydd ac yn nabod pawb oedd angen eu nabod. Yn fwy na dim bu'r ddau ohonom yn ffrindiau pennaf hyd ei farwolaeth sydyn yn 2007. Rwy'n ddyledus iddo am ei gyngor, ei arweiniad, a'i gefnogaeth ond yn fwy na dim am fod yn gyfaill triw. Mae pawb ohonom yn teimlo'r golled ar ei ôl hyd heddiw.

Cyd-artist yn Oriel Canfas yw Chris Griffin. Cafodd Chris, Alun a minnau gyfle i gydweithio ar arddangosfa 'Tri Chae' yn Neuadd Dewi Sant, Caerdydd yn Nhachwedd 2010. Bydd Chris, fel Alun, yn treulio rhai dyddiau yn dysgu celf mewn lleoliad ym mhen arall y ddinas. Mae gennym yr adnoddau i gynnal gweithdy i ryw wyth o ddisgyblion yma yn Oriel Canfas ac efallai dyna'r hyn rydym yn edifar fwyaf ynglŷn â'r adeilad – nad ydym wedi ei ehangu i gynnwys rhagor o stiwdios a mwy o le i gynnal gweithdai celf.

Chris Griffin yn ei stiwdio

Gwahoddiad i arddangosfa 'Tri Chae', sioe Alun, Chris a minnau
yn Neuadd Dewi Sant, 2010

Diffygion yn y system

Mae artistiaid ar y cyfan yn bobl annibynnol, yn ddibynnol ar eu doniau, eu cysylltiadau a'u rhwydwaith eu hunain. Er eu bod bron yn ddieithriad yn bobl hael a chymwynasgar a pharod eu cyngor, maent ar y cyfan yn ei chael hi'n anodd i gydweithio mewn materion sy'n ymwneud â'u gyrfa a'u hawliau.

Mae canran uchel o artistiaid yn artistiaid rhan-amser. Rhyddhad oddi wrth waith bob dydd yw celf iddyn nhw. Mae syniadau sy'n ymwneud ag undebaeth a chydweithio, amddiffyn hawliau a gyrfa artistiaid yn amherthnasol yn eu golwg hwy. Roedd amryw o'r artistiaid oedd yn preswylio yn y stiwdios yn Collingdon Road yn ddi-hid o'n buddiannau ac o gyflwr yr adeilad gan eu bod yn ennill eu prif gyflogau y tu allan i'r proffesiwn o greu celf. Gwn o brofiad ei bod hi'n anodd bod yn artist ac yn athro – mae'r ffon fara yn gorfod cael blaenoriaeth. Mae'r brif yrfa yn mynd â'ch nerth a'ch dychymyg a'ch stamina i gyd.

Rhwng 1989 a 1996 roedd nifer fawr o artistiaid proffesiynol yn gweithio yn yr Hen Lyfrgell yng nghanol Caerdydd o dan nawdd a chytundeb Cyngor De Morgannwg (bryd hynny). Fe wnes i symud yno yn 1992 ac roedd tua hanner cant o artistiaid yn preswylio o dan yr un to – rhai yn dechrau ar eu gyrfa (newydd adael coleg), eraill yn gweithio yn rhan-amser ac un grŵp bychan yn artistiaid llawn amser.

Yn 1992, fe ddechreuodd grŵp bychan ohonom gwrdd gyda'r bwriad o sefydlu Cwmni (go iawn) o artistiaid. Roedd pawb yn yr adeilad ar les fer ac yn gwybod bod eu tenantiaeth yno wedi'i ddiogelu dim ond am ychydig fisoedd ar y tro.

Roeddem hefyd yn sylweddoli'r canlynol:

*Roedd fy stiwdio i lan yn y 'gods'
ar y llawr top*

1. ein bod ni gyd yn dibynnu ar fympwy 'landlord' a bod artistiaid o hyd yn gorfod symud oherwydd rhyw 'ddatblygiad' yn y ddinas;
2. bod ein bywoliaeth yn y fantol oherwydd hynny;
3. nad oedd neb yn cymryd unrhyw sylw o'r artist unigol – nid person busnes oedd e!
4. os oedd awdurdodau, dynion busnes neu unrhyw gorff swyddogol yn mynd i dalu sylw i artist roedd yn rhaid iddynt siarad â chorff tebyg: h.y. busnes neu gwmni swyddogol.

Ar ôl trafod yn hir, dros fisoedd ar fisoedd, a thrwy dderbyn cyngor cyrff fel y Mudiad Cydweithredol (*Co-*

operative Movement), a chyngor cyfreithiol, cyfathrebu gyda grwpiau o artistiaid eraill ym Mhrydain (doedd dim llawer fan'na), cofrestrwyd '*Old Library Artists Ltd.* / Arlunwyr yr Hen Lyfrgell Cyf.' yn 1994.

Beth yw OLA? – cwmni cydweithredol (cyfyngedig drwy warant) gyda'r amcanion o:

1. hybu/meithrin celf;
2. hybu a meithrin celf trwy addysg;
3. darparu cyngor i artistiaid eraill;
4. darparu cyngor i gyrff tebyg;
5. darparu stiwdios ar gyfer aelodau'r Cwmni;
6. darparu Oriel ar gyfer aelodau ac eraill;
7. darparu lle ar gyfer addysgu aelodau a'r cyhoedd;
8. creu canolfan adnoddau – cyfnewid syniadau ac i feithrin datblygiadau artistig ac ymchwil.

Llun arwyddocaol o risiau yr Hen Lyfrgell – roeddwn i bob amser yn ffoli sut roedd y grisiau wedi'u treulio ar yr ochr gyflymaf i'w dringo – cymaint oedd yr awch am lyfrau ac addysg ers talwm.

Yn 1996 bu'n rhaid i bawb adael yr Hen Lyfrgell yn yr Ais yng nghanol Caerdydd gan fod 'datblygiad' newydd arall ar y gweill. Dyma ein haelodaeth yn crebachu dros nos oherwydd y chwalfa sydyn. Bu dros ugain ohonom yn dal yn weithgar er ein bod bellach wedi symud i stiwdios eraill ar draws y ddinas. Yn ogystal, gyda diddymu Cyngor

Cartref newydd Oriel Canfas

De Morgannwg fe dderbyniodd y Cwmni grant o £28,000 (am ein bod wedi 'cadw'n dawel' a heb brotestio am ein triniaeth, greda i).

Yn 1997, llwyddodd y cwmni i ennill cefnogaeth y Loteri i brynu ac addasu ein hadeilad a'n cartref presennol, sef Oriel Canfas, 44a Heol Morgannwg, Treganna, Caerdydd. Prynwyd yr adeilad am £98,000 ac roedd £100,000 o waith atgyweirio ac addasu arno.

Cawsom ein diwrnod agored cyntaf yn Hydref 1997 er mwyn hysbysu ein cymdogion newydd, ein cyfeillion a'n cwsmeriaid o gynlluniau'r Cwmni. Roedd honno'n noson dda, a bu'n gyfle inni ddod i adnabod y gymdeithas o'n cwmpas. Dechreuwyd ar y gwaith adeiladu yn Rhagfyr 1997, ac ar ddiwedd Gorffennaf 1998 symudodd 12 artist i mewn i'r adeilad. Ar 10fed Hydref, agorwyd yr adeilad i'r cyhoedd am y tro cyntaf.

Mae'r adeilad yn darparu deg stiwdio ar gyfer un ar ddeg o artistiaid. Dim ond pedwar ohonom sy'n hunangyflogedig

Adolygiad o 'Canfas' gan y Western Mail

gyda'r gweddill yn defnyddio'u stiwdios ar benwythnosau ac yn ystod y nos. Dim ond criw bychan ohonom o hyd sy'n medru cynnal ein hunain fel artistiaid llawn amser a chreu bywoliaeth ar sail hynny.

Wedi dros ugain mlynedd o brofiad o fyw fel artist, rwyf wedi dysgu i beidio â chadw fy syniadau am gelf mewn gwlân cotwm mewn cwpwrdd gwydr. Mae'n rhaid bod yn ymarferol a hyblyg ac mae'n rhaid gwahaniaethu rhwng celf bob dydd y mae pobl ei angen a chelf ysbrydol y mae rhywun yn ei wneud er mwyn boddhad a rhyddhad personol. Daeth darpar gwsmer i'r oriel unwaith a gofyn am lun pum eliffant pinc. Doedd y rhan fwyaf o'r artistiaid yma ddim yn medru amgyffred sut oedd gwneud llun felly ac yn gwrthod y comisiwn. Roeddwn i'n gallu'i wneud e ac fe dderbyniais y comisiwn. Byth ers hynny mae Dameg y Pum Eliffant Pinc yn rhan o chwedloniaeth yr oriel.

Daeth rhywun arall i mewn gan hoffi un llun yn fawr iawn – ond doedd hi ddim yn hoffi'r adar oedd ynddo (sy'n digwydd bod yn nodwedd amlwg yn fy ngwaith). *'Why don't*

Canolfan gelf i bawb

you paint them out?' cynigiodd William Brown a dyna a wnes i. Pan ddychwelodd y cwsmer, fe werthwyd y llun.

Roedd un o gwsmeriaid William Brown yn hoffi un o'i luniau yn fawr – ond yn meddwl am liwiau ei hystafell yn y tŷ. *'Have you got one in pink?'* oedd ei chwestiwn. *'Come back this afternoon,'* oedd yr ateb. Does dim rhaid i gelf gydweddu gyda'r llenni a'r soffa, ond os mai dyna mae'r cwsmer yn ei ofyn amdano …

Roeddwn yn edrych ar un o luniau fy nghyfaill Tony Gable drwy galeidoscôp un diwrnod, gyda'r llun yn cael ei ddyblygu sawl gwaith yng ngwydrau arbennig y caleidoscôp. Dywedais wrth yr artist fy mod yn teimlo y byddai'r darn arbennig hwnnw yn edrych yn wych fel papur wal. Roedd fy sylw wedi ei frifo i'r byw ar y dechrau, ond yna sylweddolodd mai canmol yr oeddwn. Mae celf bob dydd yn perthyn i bapur wal hyd yn oed.

O gadw'r cyllyll a'r brwshys yn brysur gyda chelf bob dydd, mae rhywun yn cael yr amser i'w fuddsoddi mewn celf go iawn.

Oriel Canfas o ddydd i ddydd

Er mwyn bodoli fel artist proffesiynol, mae'n rhaid ymddwyn yn broffesiynol, a chael strwythur proffesiynol i'n hamddiffyn. Mae'r gosodiad hwn efallai yn tanseilio'r darlun rhamantaidd o'r artist yn ei garej neu'i atig yn llwgu dros ei gelf – ond pwy ddiawl sy' eisiau gweithio mewn awyrgylch wael?

Na, mae'n well gen i gael stiwdio gynnes a chlyd, sy'n ddiogel ac sydd ar gael 24 awr y dydd. Os nad yw'r artist yn ddigon cefnog, mae'n rhaid iddo gydweithio gydag eraill er mwyn creu'r awyrgylch ddelfrydol a phwrpasol er mwyn creu celf a chynnal bywoliaeth.

Cyn symud i Oriel Canfas roedd yn rhaid creu fframwaith oedd yn caniatáu i'r aelod unigol weithio heb ofid. Gyda chyngor cyrff allanol crëwyd cytundebau addas rhwng y Cwmni a'r aelod gyda'r bwriad o amddiffyn y ddwy ochr. Roedd hyn yn golygu rhestr o reolau oedd yn amlinellu yr hyn oedd rhaid i'r aelod wneud – ymddygiad, talu rhent, defnyddio'i stiwdio yn gyson a chwarae ei rôl i gynnal y Cwmni.

Rydym yn cynnal Cyfarfodydd Cyffredinol (tua chwech y flwyddyn) i drafod sut mae'r busnes yn rhedeg – costau, talu biliau, gosod lefel y rhent, ceisiadau am sioeau, adeilad, addysg, cwynion, syniadau ayyb. Byddwn yn ethol swyddogion arferol yn ein Cyfarfod Blynyddol – cadeirydd, trysorydd, ysgrifennydd (nid Bohemia sy ma'!). Bydd y tri yma yn cwrdd y tu allan i'r Cyfarfodydd Cyffredinol i lunio polisïau/trafod syniadau/argymhellion – a'u gosod o flaen y pwyllgor llawn.

Yr hyn sydd wedi fy synnu i yw'r ffaith bod 11 artist yn medru eistedd o gwmpas bwrdd a thrafod busnes sydd ar y cyfan yn 'anathema' i ysbryd creadigol yr artist. Ac er bod y

Glanhau'r oriel

Artistiaid y dyfodol

cyfarfodydd yn eitha' tymhestlog ar adegau, gan bod 11 ego yn gwrthdaro – serch hynny rydym wedi llwyddo i gynnal y busnes am 12 mlynedd; wedi cynnal 120 o arddangosfeydd dros y cyfnod hwnnw ac wedi dangos gwaith tua phum cant o artistiaid.

Mae naw stiwdio unigol, gofod gweithdy addysg, swyddfa weinyddol a gofod i arddangos yn adeilad deulawr Oriel Canfas yn Nhreganna. Bydd deg arddangosfa yno yn flynyddol – arddangosfeydd gan artistiaid y stiwdios wrth gwrs, ond hefyd mae croeso i artistiaid o'r tu allan ddod i mewn i greu a hyrwyddo eu harddangosfeydd eu hunain ac mae croeso parhaol i ymwelwyr!.

Mae'r drefn weinyddol ac ariannol yn cael ei chadw mor syml â phosib. Mesurwyd pob stiwdio gan bennu rhent yn ôl y droedfedd sgwâr. Mae'r rhent yn ddigon i dalu am drethiant yr adeilad a'r holl wasanaethau – dŵr, trydan, gwresogi ac ati. Bydd 30% o werthiant pob arddangosfa yn mynd at gostau canolog yr Oriel ac mae cynlluniau i ehangu'r math o nwyddau sy'n cael eu gwerthu yno i gynnwys mwy o brintiadau a chardiau ac ati. Bydd gan y cwmni rhyw saith i wyth mil o bunnoedd wrth gefn bob amser rhag ofn bod rhyw angen dirybudd yn codi.

Yn ogystal â chynnig gweithleoedd i'r artistiaid, mae'n ganolfan ddefnyddiol yn y byd sydd ohoni. Mae llawer o artistiaid yn methu ag ennill troedle yn yr orielau masnachol sy'n gyndyn o roi cyfle i enwau newydd a gwaith mwy arbrofol. Mae'r canolfannau cyhoeddus wedyn yn tueddu i groesawu sioeau parod, teithiol sydd yn hawdd i'w gweinyddu a'u marchnata. Mae Oriel Canfas ar y llaw arall yn cynnig gofod am bris rhesymol ac amserlen nad yw'n rhy haearnaidd a llawn. Does dim ymddiriedolwyr na gweinyddwyr i roi pwysau ar yr artistiaid ac mae'r pwyslais ar artistiaid yn mentro ac yn hyrwyddo eu hunain. Mae sawl artist ifanc wedi cael hwb sylweddol i'w yrfa o drefnu ei

Rhaid ymlacio weithiau

Ar lin Siôn Corn – pwy arall ond fy nghyfaill Tony Goble

arddangosfa ei hun yn ein hadeilad ni.

Mae'n wir i ddweud ein bod ni, drwy gydweithio a gwrando ar ein gilydd – wedi llwyddo i greu 'model' a fase'n gallu cael ei ailadrodd ar draws Cymru h.y. adeilad ar gyfer artistiaid sy'n cael ei redeg gan artistiaid. Yn anffodus, tydi'r cyrff a ddylai fod wedi talu sylw i'r arbrawf yma – CCC/ACW – ddim wedi cydnabod ein bodolaeth nac wedi manteisio ar yr arbrawf llwyddiannus hwn i hyrwyddo'r syniad ledled Cymru.

Yr hyn sy'n drist yw nad yw'r colegau celf chwaith wedi dangos diddordeb yn yr hyn sy'n digwydd yma. Celf er mwyn celf yw eu hegwyddor ganolog hwy heb ystyried bod yn rhaid i artist ennill ei fara a chaws ryw ffordd neu'i gilydd. Yn anffodus, yr uchelgais sy'n cael ei gyflwyno i fyfyrwyr celf yw dychwelyd i'r coleg hwnnw i fod yn ddarlithwyr celf ac i fod yn 'artistiaid' rhan amser.

Mae Oriel Canfas yn cynnig patrwm o gymdeithas gydweithredol a byddai'n wych petai hen gapeli a sinemâu o Amlwch i'r Rhondda wedi mabwysiadu'r patrwm llwyddiannus hwn i greu gwe o orielau artistiaid prysur a chynhyrchiol drwy'r wlad.

Rwy'n hoff o weithio mewn stiwdio – mae'n gam i ffwrdd oddi wrth fywyd bob dydd, yn ynys dawel i weithio ynddi ac eto mae sŵn y ddinas a'r gweithdai eraill o'm cwmpas yn rhoi rhyw sicrwydd imi fod bywyd yn mynd yn ei flaen fel arfer, er fy mod i yn rhywle arall yn fy nychymyg. Mae'r garafanét sydd gen i yn rhyw fath o stiwdio symudol – mae'n cario llwyth o ganfasau yn ôl ac ymlaen rhwng orielau, mae'n lle ty, mae'n lle i wneud brasluniau heb orfod dibynnu ar dywydd teg ac yn fodd o gyrraedd lleoliadau sy'n ysbrydoli.

Rwy'n neilltuo rhan o fy stiwdio i storio gwaith; yma hefyd y byddaf yn cadw fy mhapurau cyfrifon gan ffeilio'r biliau wythnosol. Bob prynhawn Gwener byddaf yn glanhau'r lle yn reit dda yn barod ar gyfer yr wythnos ddilynol. Mae gen i stoc dda o baent, papurau a leino gyda digon o ddroriau i'w cadw fel fy mod yn archebu pecynnau go sylweddol ar y tro. Mae'n olau braf, ond heb olygfa sy'n tynnu fy sylw. Mae'n ddigon hawdd canolbwyntio ar y gwaith ar y fainc o fy mlaen. Mae gen i ffôn a chyfrifiadur yma, ebost yn ddolen gyswllt â'r byd y tu allan ac o dro i dro bydd cwsmeriaid yn galw i weld fy ngwaith neu i drafod comisiwn.

Oes angen mwy o waith ar hwn?

Mae'n well gan y Cyngor Celfyddydau hala popstar o Efrog Newydd i Biennale di Venezia, ynghyd â llond awyren o sbynjars celfyddydol sydd i fod i gynrychioli Cymru! Mi ellid fod wedi agor dwy oriel artistiaid yn ein gwlad gyda'r arian a daflwyd at y prosiect arbennig hwnnw.

Fy nghyngor i i unrhyw artist ifanc yw chwiliwch am rai yr un fath â chi ac ewch ati i weithio gyda'ch gilydd. Yn anffodus, mae hanes celf yn llawn o ddibyniaeth ar arian a nawdd a chefnogaeth teuluoedd ariannog. Yr unig ffordd y gall rhai o gefndir cyffredin sefydlu eu hunain yn y byd hwn yw drwy gydweithio. Ac wrth gwrs, mae'n anodd i bobl gydag ego mawr – a gydag ego creadigol ar ben hynny – i feithrin ysbryd cydweithredol. Ond dyna'r sialens y dylen ni ei hwynebu.

Ffordd o weithio

Pan fydda' i'n gweithio, fydda i ddim yn meddwl am y peth, dim ond mynd ati yn reddfol. Mae eraill yn dweud bod fy ngwaith yn 'delynegol', gyda'r cynfasau'n 'dawnsio gan symudiad a lliw'. Cymharwyd y dechneg gyda dull y cartograffydd o weithio, ac yn wir rwy'n hoff iawn ar hyn o bryd o greu lluniau gyda'r awyr yn absennol a phersbectif pob rhan o'r llun yn gyfartal fel ei fod yn edrych fel map o atgofion am bentrefi a chefn gwlad. Dywedwyd bod fy mhrintiadau leino yn cynwys 'delweddau pwerus' a bod gennyf arddull 'storïol' with geisio rhoi trefn ar y ffordd rwy'n gweld bywyd a'r byd yn gyffredinol.

Mae rhyddid gan bawb i ddehongli ac i ddarllen fy ngwaith mewn unrhyw ffordd sy'n apelio atyn nhw. Dydw i ddim yn ymwybodol o'r patrwm yn y cyfansoddiad wrth weithio arno, ond rwy'n gwybod bod gen i gof gweledol – mae miloedd o atgofion wedi'u cadw gen i yn fy nychymyg fel sleidiau llawn delweddau a lliwiau ac wrth weithio, bydd y rhain yn cael eu taflu yn ôl ac ymlaen yn fy mhen. Byddaf yn edrych ar rai lluniau wnes i ymhen blynyddoedd ac yn methu â chofio mai fi oedd wedi'u paentio nhw. Mi allaf i adnabod y delweddau, ond mae'r modd y daethon nhw o'r dychymyg i'r ganfas neu'r papur yn ddirgelwch i mi.

Er hynny, rwyf hefyd yn ymwybodol bod y cyhoedd yn rhan o fy ngwaith celf innau. Yn union fel nad ydi crefft yr actor ddim yn gyflawn heb bresenoldeb cynulleidfa, mae yr un mor wir nad ydi llun yn orffenedig nes ei fod wedi ei roi ar wal o flaen llygaid pobl eraill. Rwyf wedi dysgu bod rhaid i mi ollwng pob llun allan o fy nwylo unwaith fy mod i'n fodlon arno – mae'r broses greadigol yn cynnwys y cyhoedd a'u hymateb nhw. Ugain mlynedd ers dechrau yn fy stiwdio fy hun, mae'n dal yn destun syndod i mi fod gan bobl

'Doelan': un o luniau o Lydaw

Llun newydd 'House of Pain – Tŷ Poen', Ponty

ddiddordeb yn fy ngwaith a'u bod eisiau ei brynu. Rhyfedd o fyd!

Rwy'n mwynhau clywed adwaith pobl i'r lluniau; wrth gwrs fy mod i. Mae boddhad arbennig wrth glywed plant yn trafod fy lluniau mewn llyfr. Roedd Twm, crwtyn Medi wedi bod yn trafod stori *Pori'r Pry Copyn* oedd wedi'i ddarlunio gen i gyda'i ffrindie a'i gwestiwn e i mi un diwrnod oedd, 'Da'-cu – ti'n gwybod pan mae Pori'n dod mas o'r garej, oes 'na bobol yn ei geg e?' Dw'i mor falch pan fydd plant yn trafod pethe fel hyn. Nid celf aruchel ydi e, ond mae'n codi fy nghalon am ei fod yn gelf defnyddiol, yn ateb y galw ac yn ymestyn o fy stiwdio i i fywydau pobl eraill.

O dro i dro, mae galw arna i i roi sgwrs am fy ngwaith neu wneud eitem i raglen deledu. Bryd hynny, fe fydda i'n gorfod bod yn fwy ymwybodol o dechneg a ffordd o weithio – ac mae hynny yn medru bod yn brofiad boddhaol gan mod i'n gorfod dod yn ymwybodol o rywbeth yr ydw i'n ei wneud yn reddfol. Mae blynyddoedd o ddisgyblaeth athro celf yn gymorth wrth wneud hyn – fel y tro hwnnw y gwnes i eitem gyda Shane Williams yn creu llun o'r capel yn ei bentref.

Rai blynyddoedd yn ôl roeddwn yn un o'r artistiaid gwadd a gafodd gomisiwn i greu gwaith ar gastell Dinefwr, gyda'r holl broses yn cael ei ffilmio ar gyfer rhaglen yn y gyfres 'Byd o Liw' gyda Ozi Osmond yn cyflwyno. Mewn dau ddiwrnod o waith ffilmio roedd yn rhaid dangos ac egluro'r ffordd roeddwn yn mynd ati a chan fy mod yn ateb cwestiynau a thrafod, roeddwn yn gorfod meddwl wrth weithio – rhywbeth dieithr iawn i mi.

Gan ei fod yn gomisiwn, roedd yn rhaid ymweld â'r safle. Doeddwn i erioed wedi bod yng nghastell Dinefwr o'r blaen ac ar ôl cyrraedd, roeddwn wedi synnu at faint y lle a'r gwaith adfer oedd wedi'i wneud arno. Carreg Cennen oedd castell fy mhlentyndod i, ac oddi yno rhyw adfail o dan iorwg oedd castell Dinefwr. Roedd hi'n brofiad mynd yno, felly, a

Un o hoff luniau Twm

Un o luniau o
Ddyffryn Cletwr

Gweithio ar ddarlun 'Llithfaen'

gweithio ar frasluniau. Fel arfer byddaf yn gweithio ar chwe llun ar y tro – weithiau bydd y chwe llun yr un siâp a maint a byddant yn edrych fel grŵp neu deulu o luniau pan fyddaf wedi'u gorffen. Ond er mwyn y rhaglen roedd yn rhaid dyfalbarhau gyda'r comisiwn arbennig hwn yn unig. Fel roedd hi, mi wnes ddau baentiad, dau brint ac un llun siarcol o'r testun arbennig hwn.

Tirlun petryal 40" x 24" a gafodd y sylw mwyaf gan y rhaglen. Fy null i o weithio'r math hwn o lun yw gosod cyfansoddiad ar ganfas gyda phensel ac yna paentio llinell ddu dda dros yr amlinell. Llenwi'r gofod lan gyda lliwiau syml, eitha fflat wedyn – tywod melyn, awyr las, caeau gwyrdd – nes fod y cyfan yn edrych fel ffenest liw. Yn hanes fy nghyfansoddiadau i, yr un fydda' i'n ei wneud ar y dechrau fydd gen i ar y diwedd fel arfer. Dyw hyn ddim yn wir am bob artist – mae Chris Griffin sy'n rhannu Oriel Canfas gyda mi yn dechrau gydag un cyfansoddiad ac yn bennu lan gyda chyfansoddiad arall. Dyw hi'n ddim iddo grafu hanner llun cyfan i ffwrdd ar y tro a dechrau eto.

Y cam nesaf i mi yw gorchuddio'r 'ffenest liw' cyfan gyda *wash* glaswyrdd, wedi'i ddyfrhau. Wrth baentio'r holl gynfas fel hyn, mae'n tynnu'r gwahanol liwiau at ei gilydd. Mae'r melyn yn troi'n lasfelyn, y coch yn troi'n lasgoch ac ati. Mae'n cloi'r llun ond hefyd yn ei dywyllu.

Gweithio o'r tywyllwch i'r goleuni yw'r haen olaf o baent y bydda' i'n ei roi ar y llun. Lliwiau cryfion, golau, eithaf sych ar y brwsh fydd y rhain, yn rhoi pwyslais a dyfnder i'r llun. Fe fydda i'n meddwl lle mae'r haul a lle mae'r cysgodion ac yn gweithio *contre-jour* chwedl y Ffrancwyr – 'yn erbyn golau dydd'. Bydd y broses hon yn cymryd dyddiau os nad wythnosau fel arfer pan fyddaf yn ychwanegu'r lliwiau ychydig ar y tro.

Clywed neu deimlo tywyllwch fydda i, ond gweld goleuni. O dywyllwch i dywyllwch ydi taith bywyd, ond

Yn edrych am oleuni – dau gyfansoddiad ar y gweill

tywyllwch hefyd sy'n goleuo'r sêr uwch ein taith. Mae'n amhosib atgynhyrchu goleuni ar ganfas drwy gyfrwng lliwiau tywyll a lliwiau golau, mae modd creu'r effaith y mae golau yn ei gael arnon ni. Lliw, felly, ydi cynghanedd y llygad.

Mae dirgelwch i baentio – fydda i byth yn gwybod os yw'r llun yn mynd i weithio ai peidio. Byddaf yn chwilio am y golau mewn mwy nag un ystyr. Ac fel arfer, wrth chwilio am y golau bydd yr ateb yn dod a byddaf yn medru cwblhau'r llun a boddhau fy hun yn y diwedd. Yna mae'r llun yn cael ei fframio yn y gweithdy sydd gen i yn yr ardd, a'i osod ar wal mewn oriel neu arddangosfa.

Cwm Prysor yng Nghaerdydd

Ma'r plant yn joio cartŵn

Y cwt fframio

Fel yr eglurais eisoes, bûm yn ddigon lwcus i gael hyfforddiant da gan feistr yn y grefft o wneud fframiau, Alun Hemming. Mae hwnnw'n waith technegol a manwl ac yn galw am sgiliau hollol wahanol i waith arferol arlunydd – ond rwy'n mwynhau'r amrywiaeth y mae hynny yn ei roi i gylch fy wythnos waith.

Am flynyddoedd, bûm yn cadw'r coed a'r offer i gyd yn y stiwdio yn Oriel Canfas, gan glirio lle yng nghanol y canfasau a'r paent pan oeddwn am wneud sesiwn o fframio. Doedd hyn ddim yn ddelfrydol, ac ar ôl symud i fyw i'r Eglwys Newydd yn 2008, roedd gen i ardd helaethach a phenderfynais godi cwt pwrpasol, gyda gwres a thrydan a digon o olau ynddo, wrth ymyl y tŷ.

Mae gen i ddau leoliad i'r gwaith felly – stiwdio a chwt fframio – a gan fy mod yn gwneud gorchwylion gwahanol yn y ddau, mae hynny'n gymorth imi fod yn y cywair cywir i ateb y dasg dan sylw. Fy null i o fframio yw cyfyngu ar y dewis rwy'n ei ddefnyddio. Mae'n well gen i goed glân – onnen neu dderw – heb ddim staen a fawr ddim farnish na lacer. Dyw coedyn felly ddim yn marcio'n hawdd ac mae'n syml ac urddasol, yn addas i'r math o waith lliwgar, tirluniol yr wyf yn ei wneud.

Yn wahanol i'r stiwdio baentio, mi fyddaf yn troi i'r cwt fframio ar benwythnosau a gyda'r nosau yn achlysurol. Gallaf wneud awr neu ddwy yn ôl yr awydd heb orfod teithio ar draws y ddinas i wneud hynny.

Y stiwdio newydd gartre

Gwleidyddiaeth mewn celfyddyd

Yn groes i'r ddihareb boblogaidd honno, fedra i ddim gweld bod yna wleidyddiaeth yn fy ngwaith celf i. Y cof gweledol yw fy neunydd i. Byddaf yn synnu fy hunan weithiau mor fanwl yw'r cof hwnnw – gallaf dynnu lluniau o adeiladau, golygfeydd a chloddiau a welais i ddeugain mlynedd yn ôl. Pan ddychwelais i Lorient yn Llydaw un tro, roedd hi'n brynhawn ac roedd yr haul mewn lle gwahanol i'r lle'r oedd ar ymweliad blaenorol a minnau yno yn y bore. Oherwydd hynny, roedd y cysgodion a'r golau rhwng yr adeiladau a'r strydoedd i gyd yn hollol wahanol. Eto, roedd fy nghof gweledol mor gryf nes fy mod yn dal i ddilyn y llun oedd gennyf yn fy mhen – ond gan fod y golau yn wahanol, roedd popeth i'r gwrthwyneb. Disgwyliwn weld y môr ar y chwith pan fyddai'n ymddangos mwyaf sydyn ar y dde!

Er nad ydw i'n dod â fy ngwleidyddiaeth i mewn i fy nghelfyddyd, does dim dwywaith fod hawliau dynol, hawliau gweithwyr a hawliau Cymru a'i phobl wedi bod yn bwysig yn fy mywyd erioed. Mae celf artistig yn bod, lle mae'r crefftwr yn agor ei enaid yn ei waith, ond rydw i'n credu mewn celfyddyd bob dydd hefyd, pan fo'r crefftwr yn cyfrannu'i dalent drwy greu posteri a dylunio taflenni. Rwyf wedi gwneud hynny yn gyson ar hyd y blynyddoedd ac mae brwydrau'r glowyr, ymgyrchoedd yr iaith a gwrth-apartheid wedi bod yn fodd imi gyfrannu fy nghrefft yn ymarferol er budd y gymdeithas. Yn yr un modd byddaf yn defnyddio fy nghrefft i greu gwahoddiadau priodas ac anrhegion arbennig at ddathliadau teuluol. Celf at iws gwlad yw peth felly.

Mae'r byd celf y dyddiau hyn yn ymfalchïo mewn diffyg crefft gyda llawer o bwyslais ar gelfyddyd gysyniadol. Yr hyn sy'n fy nghael i yw bod celf o'r fath yn aml iawn yn troi o gwmpas un syniad canolog yn unig. Os yw'r syniad hwnnw

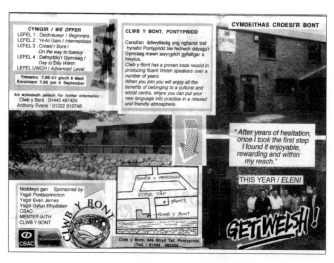

Gweithio dros Clwb y Bont

yn sefyll, yn gweithio – yna popeth yn dda. Ond os nad yw'n sefyll, mae'r holl beth yn syrthio ar ei din. Cymharwch chi hyn gyda hunanbortread Rembrant er enghraifft – mae haenau o syniadau fel wniwnsyn yn y gwaith hwnnw. Fe fydda i'n treulio hanner awr yn edrych ar arddangosfa Gwobr Turner, ond dwyawr yn edrych ar un llun gan Turner ei hun. Mae celf fodern yn adlewyrchu hysbysebion teledu a phrysurdeb yr oes efallai – apêl sydyn at y synhwyrau sy'n para am ychydig eiliadau yn unig. I mi, rhaid i gelf feddu ar fwy o enaid na hynny. Mae hunanbortread Rembrant yn oesol a'r un mor berthnasol i ni heddiw ag y bu erioed.

Y diffyg parch at grefft yw fy mhryder mwyaf yn yr oes sydd ohoni. Rwy'n gwybod yn fy nghalon mai rhywbeth dros dro yw hyn ac y bydd bri ar y pethe sylfaenol eto cyn bo hir. Mae gwacter crefft fel piano a neb yn medru whare tiwn arno fe. Ym myd celf, crefft yw'r hyn sy'n cael y 'peth' yna o'r pen drwy'r bys ac i flaen y brwsh neu'r bensel. Mae'r syniad yn bodoli y tu allan i'r gwaith celf i ni, nid yno yn ganolog yn

Yr Anthony Evans ifanc yn sefyll dros y Blaid

y gwaith ei hun. Wrth osod y syniad draw yn fan'na yn rhywle, fe fydda' i'n gweithio fy ffordd yn ôl a defnyddio pob sgil sydd gen i i frwydro gyda'r lliwiau a'r golau a'r delweddau i ddweud fy stori o fewn y ffrâm rwy'n canolbwyntio arni.

Daeth cyn-fyfyriwr celf o Gaerdydd i'm holi ar gyfer ei waith ymchwil un tro. Gofynnodd imi beth oeddwn i'n ei wneud am fy mara menyn ac atebais mai artist oeddwn i. Cafodd gymaint o sioc nes iddi ofyn yr un cwestiwn eto rhag ofn nad oedd wedi clywed yn gywir. Gofynnais iddi ar beth roedd hithau yn byw. *'I apply for grants,'* oedd ei hateb. Symudai o un swydd artist preswyl i'r llall gan ddibynnu ar grantiau cyhoeddus i gynnal ei chelf. Doedd hi erioed wedi ystyried gwneud lluniau a chreu marchnad ar eu cyfer.

Mae athroniaeth bywyd rhywun yn effeithio ar ei waith, wrth gwrs, a phan benderfynais fod yn artist llawn amser roedd fy mryd ar gynnal fy hunan a rheoli fy amser fy hunan yn llwyr. Doeddwn i ddim eisiau cyflog darlithydd celf ac yna creu lluniau yn fy amser sbâr mewn stiwdio hobi.

Posteri gwleidyddol yr 80au

Gan fy nghefndir glofaol y cefais fy ngwleidyddiaeth, a chan fy ngwleidyddiaeth y cefais yr egwyddorion a ddylanwadodd ar y ffordd rwy'n rhedeg fy musnes o fod yn artist. Nid wyf dan fympwy perchnogion orielau mawr sy'n rheoli ac yn ymyrryd â rhyddid artistiaid. Nid wyf yn gorfod cyfarfod ag anghenion ffurflenni ceisiadau grant yr awdurdodau celf cyhoeddus. Rwyf yn artist rhydd, ond yn gorfod gweithio'n galed er mwyn cynhyrchu digon o waith i'w werthu. Yno i fy nghynnal hefyd y mae cymdeithas ddifyr a chymwynasgar o artistiaid sydd wedi trefnu eu hunain yn gwmni cyfyngedig cydweithredol yn Oriel Canfas.

Ambell garreg filltir

Daeth boi o'r Mwmbwls oedd wedi symud i fyw i St Paul's, Minneapolis, America i mewn i'r stiwdio yn yr Hen Lyfrgell un diwrnod. Erbyn deall, roedd yn un o'r prif gyfarwyddwyr mewn cwmni cyfrifiadurol enwog. Cyrhaeddodd y gwaith un diwrnod ac roedd ei holl swyddfa wedi'i symud i ystafell heb ffenest na ffôn. Roedd hi'n amlwg eu bod am roi hergwd iddo allan o'i swydd. Eisteddodd yn ei swyddfa heb ddim byd yn dod i mewn nac allan ohoni nes i'r cwmni gael gwared arno ac yna aeth â'r cwmni i'r llys am ddiswyddiad annheg. Tra oedd y cyfreithwyr yn delio â'r achos, daeth yn ôl i Gymru ac roedd wedi gwirioni ar fy lluniau, meddai, ac yn awyddus i brynu rhai i fynd yn ôl i America gydag ef. Byddai'n dychwelyd ymhen rhai dyddiau.

Ni welais ef am wythnosau. Pan ddaeth i mewn am yr eildro, ymddiheurodd gan ddweud iddo dderbyn ffacs gan ei gyfreithiwr a bu'n rhaid iddo ddychwelyd i ddelio â'r achos

'Y Mab Afradlon' – bellach yn Efrog Newydd

ar fyrder. Erbyn hynny, roedd wedi ennill yr achos ac wedi derbyn 3 miliwn doler o iawndal. Roedd wedi prynu siop yn St Paul's ac wedi agor y *'Mumbles Gallery'* yno ac yn awr roedd yn dychwelyd i brynu hanner dwsin o fy lluniau i yn ôl ei addewid.

Y diwrnod cyn iddo gyrraedd fy stiwdio am yr ail waith, roeddwn newydd orffen darlun a elwais yn 'Y Llo Coll'. Roedd rhyw naws Beiblaidd i'r darlun a'i destun ac wrth ei gwblhau roeddwn yn ymwybodol fy mod wedi croesi rhyw linell oedd yn newydd yn fy ngwaith i. Roeddwn wedi rhyw feddwl efallai na wnawn fyth werthu'r llun hwn, dim ond ei gadw er mwyn fy moddhad personol fy hun. Ond unwaith y dywedodd y gŵr o'r Mwmbwls ei fod eisiau ei brynu, roedd y llun mewn bybyl-wrap cyn iddo droi rownd!

Bob yn hyn a hyn dros y ddwy flynedd a ddilynodd fe gawn lythyr ganddo yn nodi ei fod wedi gwerthu rhyw lun neu'i gilydd. Llwyddodd i werthu'r chwech – ac roedd gen i ddiddordeb mawr mewn clywed am hanes 'Y Llo Coll'. Roedd y perchennog newydd ei ychwanegu at gasgliad anhygoel o luniau gwerthfawr oedd ganddi, ac roedd yn hongian ar wal arbennig rhwng lluniau gan Chagall a Wassily Kandinsky. Yn rhyfedd, rhyfedd iawn – dyna fy hoff arlunwyr i.

Mae llun arall, anferth o waith 5 troedfedd sgwâr, ar wal mewn *studio-apartment* yn edrych dros Central Park, Efrog Newydd. Mae ffigwr mewn tirlun yn cerdded yn ôl adref yn y darlun arbennig hwnnw a alwyd gennyf yn 'Y Mab Afradlon'. Ydyn, mae rhai o fy lluniau wedi gweld mwy ar y byd nag a wnes i erioed.

Yn 1997, gofynnodd Iwan Llwyd imi greu printiadau leino du a gwyn yn ymateb i'w gerddi yn y gyfrol *Dan Ddylanwad*. Mae cerddi'r gyfrol honno yn mynd â'r darllenwr ar deithiau i America, Canada a phob cwr o Gymru. Roeddwn wedi cydweithio gydag Iwan yn

Iwan Llwyd ac Anthony Evans

Iwan a minnau mewn 'pose' i Marian Delyth

arddangosfa 'Word and Images' yn Abertawe cyn hynny, ac roedd Iwan yn teimlo bod y gwaith gweledol roeddwn i'n ei gynnig yn rhoi haen arall o ystyr a dyfnder i'r geiriau. Roedd hi'n ddiddorol iawn ymateb i gerddi taith Iwan – rwy'n cael fy ysbrydoli gan y delweddau symudol sydd ynddyn nhw ac felly roeddwn i'n ymateb i'r rheiny. Roeddwn i'n hoffi'r syniad o deithio yn fawr iawn – nid teithio daearyddol yn unig, ond teithio yn y meddwl a theithio ar hyd llinell greadigol. Yn ei gerddi am Gymru, roedd cymysgedd o gariad a siom ac mae fy nehongliad innau o'r genedl yn debyg iawn i hynny. Yn ddelfrydol, byddwn wedi dymuno cyd-deithio gydag Iwan pan oedd yn casglu profiadau'r gyfrol. Roeddwn yn poeni ar y dechrau fod Iwan yn fardd trefol a minnau yn tueddu at ddelweddau gwledig, ond osgoi'r ystrydebol oedd y gamp wrth gynnig persbectif newydd ar y cerddi. Weithiau roedd un gair mewn cerdd yn creu delwedd yn fy mhen. Mae'n rhaid bod y cydweithio wedi bod yn eithaf llwyddiannus gan i'r gyfrol gipio teitl Llyfr y Flwyddyn i Iwan yn 1998.

Un o brintiadau Dan Ddylanwad *– sylwer ar y 'Twin Towers'*
– cafodd hwn ei greu cyn 9/11

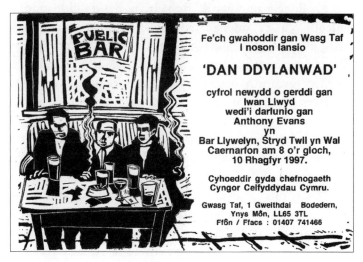

Poster i lansio'r llyfr

Un o'r comisiynau cymunedol y mwynheais fod ynglŷn ag ef oedd Prosiect Celf Tafarn y Fic, Llithfaen. Mae Tafarn y Fic yn fenter gydweithredol gyfyngedig mewn hen bentref chwarelyddol yn ardal yr Eifl, Llŷn ac yn batrwm o'r ffordd y gall pobl leol reoli eu cymdeithas a'u heconomi eu hunain. Mae pobl yr ardal yn enwog am fagu cyfrifoldeb dros eu dyfodol eu hunain – roedd siopau co-op yno yn anterth dyddiau'r chwarel ithfaen; pan gaewyd yr ysgol, fe'i trowyd yn ganolfan gymdeithasol; codwyd aelwyd ac adran yr Urdd yno; sefydlwyd Cymdeithas Hanes gan gynnal arddangosfeydd blynyddol; y pentrefwyr sy'n rhedeg y siop ar y groes; cynhaliwyd Gŵyl y Nant yno am flynyddoedd i greu adloniant ac estyn cymorth i Ganolfan Nant Gwrtheyrn ac ar ben popeth, ffurfiwyd cwmni cydweithredol i brynu a rhedeg tafarn y pentref yn 1988.

Ar ddechrau'r ganrif hon, bu'n rhaid buddsoddi'n helaeth yn yr adeilad er mwyn creu cegin, stafell ychwanegol, bar helaethach a fflat uwchben. Cafodd y criw diwyd dan arweiniad bois ysbrydoledig fel Gwyn Plas a John Llyfnwy gymorth o gronfeydd Ewropeaidd ac yn 2004 agorwyd y Fic ar ei newydd wedd. Cam nesaf y cyfarwyddwyr oedd cael comisiwn i mi dan adain y Cyngor Celfyddydau i greu tri darn o waith gwreiddiol ar gyfer y dafarn newydd a chynnal gweithdai yn y stafell gefn ac mewn ysgolion lleol.

Gan fy mod wedi arddangos yn Oriel Glyn y Weddw ac wedi cyfrannu at arddangosfa '*Hud a Lledrith Llŷn*', roedd gen i gysylltiad â'r ardal eisoes. Mae llwybrau'r cof a thirwedd yn bwysig yn fy ngwaith ac fe gefais y pleser o grwydro'r ardal, cyfarfod haneswyr a chymeriadau lleol fel Sian Elen a chyfrannu gweithiau oedd yn dathlu tirwedd a threftadaeth Llithfaen. Cafwyd noson 'dadorchuddio' fywiog, gyda Heather Jones yno yn canu, ac roedd honno yn benllanw ar bedwar mis o weithgareddau celf yn yr ardal

Oriel luniau mewn tafarn

TAFARN: Yr arlunydd, Anthony Evans, gydag un o'r lluniau.

Cyflwyno'r gwaith i'r 'Fic'

oedd yn cynnwys gweithdai i'r ieuenctid a thaith dreftadaeth.

Mae fy lluniau bellach yn rhan o gymeriad y dafarn mewn stafell braf sy'n wynebu Bae Ceredigion ac yn fwyty arbennig ar benwythnosau. Er i'r ardal gael ei llethu gyda'r newydd trist am farwolaeth Gwyn Plas – un o brif arweinwyr y gymdeithas – yn 2006, roeddwn yn falch o glywed iddynt gofio amdano drwy greu llwybr hanes drwy'r pentref a chodi darn o gelf tri maen i gofio am y chwarelwyr a'r dreftadaeth ddiwydiannol yn ardal yr Eifl.

Gweithdy yn Ysgol Hafod Lon

Cylch gwaith

Erbyn hyn mae gen i amryw o sgiliau a phrofiadau sy'n cynnig amrywiaeth o feysydd imi fedru creu bywoliaeth ohonynt. Gallaf wneud lluniau a phaentiadau; byddaf yn creu darluniau ar gyfer cyhoeddwyr i'w cynnwys mewn neu ar gloriau llyfrau; rwy'n cynllunio a chreu props a fflatiau ar gyfer y theatr, y teledu, a gwaith animeiddio; rwy'n argraffu printiadau a fframio; mae gen i ugain mlynedd o brofiad dysgu felly gallaf gynnal cyrsiau i blant ac oedolion, hyfforddiant mewn swydd i athrawon a gwneud gwaith cyflenwi mewn ysgolion.

Gallaf fod yn eithaf hyderus oherwydd hynny fy mod yn medru ateb unrhyw alwad a ddaw i'm rhan yn gadarnhaol. Weithiau – dim ond weithiau – mae cwsmer yn gofyn yr amhosibl. Roedd un wraig eisiau imi wneud darlun o Mwnt iddi ('Mynt' oedd ei henw hi ar y lle). Dywedodd ei bod eisiau i'r llun gynnwys yr eglwys, y traeth, y caffi a'r llwybr . . .

Eglwys Mwnt

Mwnt eto

'Dim problem,' meddwn innau. Gyda fy llygad i am bersbectif creadigol, roedd hynny i gyd yn rhesymol. Ond doedd y cwsmer ddim wedi gorffen – roedd hi eisiau imi gynnwys dolffin yn y darlun yn ogystal! Fe gafodd hi Mwnt, y pacej i gyd – ond heb y dolffin.

Daeth Gareth Thomas, tafarn y Mochyn Du, Parc Sophia, ataf i ofyn am lun o'r ddinas ar gyfer wal ei dafarn. Roedd rhaid cynnwys y Mochyn Du ynddo wrth gwrs, ond roedd e eisiau Stadiwm y Mileniwm, y Bae, y cae criced, y ddinas i gyd a'r afon ynddo yn ogystal. Mae rhai pobl yn meddwl mai Siôn Corn ydw i!

Gyda chomisiynau fel hyn, mae'n rhaid i mi fynd yno a braslunio a chanfod darlun yn fy mhen. Rhaid i'r llun yn y pen gynnwys fy arddull bersonol i, ac yna byddaf yn hapus i weithio arno.

Rwy'n casglu syniadau drwy'r amser ac yn defnyddio llyfrau braslunio yn y tŷ ac ar y teithiau yn ôl ac ymlaen drwy Gymru. 'Er mwyn y nefoedd, rho'r gorau i sgriblan!' fydd Glenys yn dweud wrthyf i weithiau pan fydda i wrthi gyda fy mhensel o flaen y teledu. 'Glenys – dyna fy ngwaith i,' yw'r unig ateb fedra i feddwl amdano.

Wrth fynd i fyny ac i lawr yr A470 neu ymweld â'r gorllewin, mae syniadau yn dod drwy'r amser. Byddaf yn gwirioni ar siâp a lliw rhyw fryn neu fynydd nad ydw i wedi sylwi arno o'r blaen. Ar daith, dim ond amlinell sydyn a phrif linellau persbectif fydd yn cael mynd i'r llyfr, ac ambell bwyslais o ran y golau efallai. Yna ar ôl mynd adref byddaf yn llenwi'r braslun gyda gwaith pensel fwy manwl.

Bydd gen i gamera ar fy nheithiau hefyd, ond nid drwy lens yr ydw i'n gweld y byd. Byddaf yn ystumio daearyddiaeth ac aildrefnu mapiau wrth ail-greu tirlun. Mae pensel yn caniatáu imi fynd i leoedd na all y camera eu gweld. Ffuglen weledol ydi'r lluniau hyn – dydw i ddim yn meddwl y peth mas, dim ond gadael iddo ddod yn naturiol.

Fel arfer byddaf yn gweithio ar ryw hanner dwsin o luniau ar y tro. O dro i dro, fydd llun ddim yn gweithio ac fe fydda i'n gwybod hynny, yn cael gwared arno ac yn dechrau eto.

Braslunio o'r cof fydda i. Er fy mod wedi gweithio mewn llyfrau braslunio ers ugain mlynedd, ni fydda i'n cadw'n slafaidd i'r rheiny. Yn union fel mae gan fardd glystyrau o eiriau yn ei ben, mae gen i gannoedd o luniau sydd fel sleidiau yn fy mhen innau. Yr hyn fydda i'n ei wneud fydd eu cadw nhw i droi yn y dychymyg a galw mas y rheiny sy'n fy niddori.

Mae yna dristwch a hiraeth yn fy ngwaith, rwy'n gwybod hynny. Mae'r hen ffordd o amaethu wedi mynd o'r tir ac mae llawer o'n diwylliant wedi diflannu o'n cymoedd. Mae'n drist gweld capel wedi cau a'r adeilad yn dadfeilio – ond eto rwy'n dal i gredu bod egwyddorion Crist yn fyw yn ein cymunedau o hyd. Fe licien i fynd i gapeli i drafod pethe – nid i dderbyn popeth yn ddi-gwestiwn. Rwy'n credu y dylai cefn y capel fod yn un ffenest fawr wydr fel ein bod ni'n edrych ar y greadigaeth yn hytrach na syllu ar y pulpud. Os

'Tŷ Haf' – fy ail gartre!

am achub crefydd, mae angen mwy o siarad a mwy o gw'mpo mas am bethe pwysig.

Yn 1971, fe wnes i fy ymarfer dysgu olaf yn Ysgol Gatholig Caerfyrddin. Cefais y teimlad o amlochredd bywyd yn bodoli ar un safle yn y fan honno ac roedd yn deimlad ffantastig – roedd yno ysgol, lleiandy, eglwys, mynachdy, cae chwarae a chlwb yfed. Roedd plant yn mynd i ganu yn y gwasanaeth ac roedd lori gwrw yn cyrraedd y clwb. Os ydym ni am achub ein diwylliant a'n bröydd, mae'n rhaid i ninnau agor ein ffiniau. Mae celf, cerdd, gwaith, sgwrsio, cwrw a phethau ysbrydol i gyd yn rhan o'n bywydau ac mae gofyn inni fod yn fwy cyfforddus wrth symud o'r naill i'r llall. Mae angen tafarn a chapel llewyrchus ymhob pentref.

Erbyn hyn mae rhyw ddeuddeg oriel drwy Gymru yn arddangos a gwerthu fy ngwaith yn gyson. Nid wyf yn cynnal cymaint o sioeau unigol bellach, dim ond canolbwyntio ar

'Pose' arall yn y stiwdio

greu gwaith cyson a'i ddosbarthu. Mae'n braf cael anelu at arddangosfa yn achlysurol o hyd wrth gwrs – roedd 'Mapio'r Cof' yng Nghaerdydd yn gyfle imi greu casgliad o luniau oedd yn symud fy ngwaith ychydig bach i gyfeiriad newydd. Mae gen i arddangosfa yn Aberdâr yn ystod 2011 a byddaf yn canolbwyntio ar ddarluniau o'r Cymoedd, clybiau a chaeau rygbi a'r hen weithfeydd ar gyfer honno.

Yn gyffredinol, mae 5-6 darlun gen i ymhob oriel ac efallai bod sioe ar fynd yn rhywle – mae hynny'n golygu bod rhwng 50-70 o'm darluniau yn llygad y cyhoedd ar unrhyw un adeg. Deirgwaith y flwyddyn – cyn y Pasg, ar ddechrau'r haf ac yn yr hydref – byddaf yn treulio deuddydd yn teithio o amgylch yr orielau yn dosbarthu gwaith newydd ac yn casglu darnau nad ydynt wedi gwerthu. Mae hyn yn golygu gwibdaith cyn belled â Phorth-gain, Pwllheli, Llangollen a Threfynwy – pob cwr o Gymru.

Y wlad a'r dref; y cymoedd a'r glannau; ffermydd a gweithfeydd; clybiau a chapeli – un Gymru sydd gen i a chreu rhywbeth byw y gall y cyhoedd a'r cymunedau ei fwynhau yw fy ngwaith. Pe bawn i'n filiwnydd, fe fyddwn i'n dal i wneud y job hon.

Ar ôl cau drws y stiwdio

Yn yr un modd ag yr ydw i'n gredwr cryf mewn diosg slipers a cherdded o'r tŷ i'r gwaith, yr ydw i hefyd yn gredwr mewn cau drws y stiwdio a gwneud pethau eraill. Mae cwrdd â phobl y tu allan i fyd celf yn hanfodol i mi. Bywyd diflas iawn ac undonog yw bod yn artist yn unig!

Mae bywyd y tu allan i'r gwaith yn lles i bob gweithiwr, ac yn y bôn yn ei wneud yn weithiwr hapusach. Mae hynny wedi ei datŵio ar fy nhalcen ers fy magwraeth mewn ardal lofaol.

Mae Pontypridd wedi chwarae rhan allweddol yn fy mywyd ac er i ni symud i Gaerdydd i fyw ac i weithio, mae'r cysylltiad rhwng y dref honno a'n teulu ni yn dal yn gryf. Heblaw am y 'Sosban' a'r Sgarlets, wi'n dal i fwynhau mynychu'r *'House of Pain'* ar Heol Sardis ar ambell i brynhawn Sadwrn ac yn sefyll ar un cornel o'r cae gyda ffrindiau hen a newydd. Ac ar hyn o bryd, wi'n gweithio ar gyfres o beintiadau newydd wedi'u seilio ar y thema o rygbi yn y Cymoedd.

Yn yr ardal yma ddes i ar draws dysgwyr am y tro cyntaf – Cymry di-Gymraeg yn awyddus i ail-ddarganfod eu Cymreictod drwy yrru eu plant i ysgolion Cymraeg yr ardal a mynychu dosbarthiadau ail iaith eu hunain.

Fel ymateb i'r twf hwn, sefydlwyd Clwb y Bont yn 1982 a wi'n falch i mi chwarae rhan yn natblygiad y ganolfan hollbwysig yma. Roedd y Clwb yn gartref i'r Gymraeg a'r pethe a lle i ni fewnfudwyr o'r gorllewin a'r gogledd 'joio' peint a sgwrs gyda brodorion yr ardal. Yn ogystal mae'r Clwb wedi darparu harbwr diogel i gyn-ddisgyblion ysgolion Cymraeg y Cymoedd i ddefnyddio ac i gadw eu hiaith. Er gwaethaf llifogydd a bailiffs, mae'r clwb yn dal i fynd, diolch byth.

Perfformio gyda chriw Capel y Crwys

Dw i hefyd wedi mwynhau byd y ddrama ac wedi troedio sawl llwyfan ar draws y wlad yn chwarae amrywiol rannau mewn perfformiadau amatur. Gydag Ynyr Williams fel ein harweinydd creadigol, sefydlodd criw bach ohonom Gwmni'r Fuwch Goch yng Nghlwb Ifor Bach Caerdydd 'nôl yn yr 80au ac yn ein perfformiad cyntaf rhannais y llwyfan gyda dau brifardd, sef Emyr Lewis a'r diweddar Iwan Llwyd mewn clasur o fyd y ddrama sef *Caffi Sam*. Perfformiadau bythgofiadwy yn enwedig pan dagodd Angharad Dafis (gwraig Emyr) dros baned o de yng nghanol brawddeg allweddol!! Bu'n golled enfawr i thespians y wlad ar ôl iddi benderfynu peidio troi'n broffesiynol.

Fues i hefyd 'wrthi' gyda Chwmni Drama Capel y Crwys yn eu theatr fechan y tu ôl i Gapel y Crwys, Caerdydd. Criw brwd yn llawn sbort a hwyl.

Ddwy flynedd yn ôl ysgrifennodd Glenys bantomeim er mwyn codi arian i'r Eisteddfod a bu criw lleol o'r Eglwys Newydd gan gynnwys nifer o'r teulu yn perfformio yn Ysgol

Clwb y Bont 'o dan y don'

Glantaf. Roedd yn gyfle i mi unwaith eto i wisgo lan fel menyw ac i actio'n wirion gyda rhai o'r wyrion! Mae sôn bod drama newydd ar y gweill i gadw'r fflam ddramatig yn fyw a wi'n siŵr y bydd rhan neu ddwy neu dair i'r criw o wyrion a wyresau sy' da ni.

Hobi pur oedd yr hwyl gymdeithasol a gefais i yn y cynyrchiadau hyn, ond wyddoch chi byth beth yw pen draw darn o edau bywyd. Daeth cyfle i mi fod yn ecstra yn Pobol y Cwm a chael rhannau bychain mewn ambell ddrama deledu a ffilm _ dw i wedi bod yn blismon, athro, meddyg ac yn swyddog y W.R.U mewn gwahanol gynhyrchiadau teledu.

Rwy'n 'Da-cu' i dri o wyrion a phump o wyresau erbyn hyn ac yn lwcus eu bod i gyd yn byw o fewn tafliad carreg i'm cartre a wi'n eu gweld yn gyson, yn y pentre neu ar y ffordd i'r ysgol, ac yn aml iawn wi'n clywed rhywun yn gweiddi 'Ta-cu!' wrth i mi gerdded i'r stiwdio neu i'r siopau lleol. Mae un neu ddau yn cael 'sleep over' yma'n rheolaidd ar nos Sadwrn gan bod Glenys yn hoff o'u sbwylio.

Noson gwobrwyo dysgwyr yng Nghlwb y Bont

Ddydd Nadolig dwetha' roedd 14 ohonom yn eiste lawr i ginio!

Wi'n cadw llygad barcud ar eu sgiliau creadigol ac yn sylwi yn barod bod gan ddau ohonynt ddoniau lluniadu naturiol tra bod Elan yr hynaf yn gobeithio dilyn cwrs actio a Nannon (yr ail o'r wyth) yn delynores dalentog.

Mae Aron erbyn hyn yn gyfarwyddwr cwmni animeiddio Deinamo a Medi'n athrawes yn y Cymoedd, y ddau yn byw bywydau llawn a phrysur yn yr ardal a'r ddau yn ymfalchïo yn eu Cymreictod ac yn barod i chwarae rhan yn eu cymdeithas. A hynny i mi yw'r peth pwysica i frolio ac ymfalchïo ynddo.

Efallai mai hoffter o fapiau sy'n fy nhynnu i grwydro'r Cyfandir bob haf. Bydd Glenys a minnau yn troi'r fan yn fwy o garafán symudol ac yn crwydro Ffrainc a Llydaw yn bennaf gan alw heibio Aron a Medi a'u teuluoedd lle bynnag y byddan nhw'n bwrw'u gwyliau Awst. Mae'n braf gweld y golygfeydd, mwynhau'r diwylliant a'r lliwiau a'r golau gwahanol a dod adref gyda rhagor o ddelweddau yn fy mhen.

A dyna'r peth pwysicaf am fywyd ar ôl cau drws y stiwdio – wyddoch chi byth pryd fydd hynny yn bwydo'ch dychymyg a chreu awydd ynoch i dorchi'ch llewys unwaith eto.

Prosiectau newydd

Ble mae'r crwt a'r brychni a'r gwallt fflamgoch wedi mynd?
Ble mae'r glaslanc a ddringai lethrau'r tip wedi diflannu?
Ble mae'r tad ac athro ifanc?

Maen nhw i gyd yma rhywle o hyd – weithiau wi'n cael cipolwg ar un ohonyn nhw mewn ffoto neu mewn hen lyfr braslunio, mewn adroddiad ysgol anghofiedig neu yn gweld ei gysgod yn symud fel fflach yn y stiwdio. Weithiau maent yno yn y drych wrth imi shafio yn y bore. Yn bennaf oll, wi'n eu gweld yn fy mhlant a'm wyrion, clywed fy llais yn eu lleisiau hwy, fy osgo yn eu symudiadau. Wrth edrych ar Gwern a Twm yn canolbwyntio ar eu llyfrau braslunio – mae'r crwt a'r llanc a'r dyn ifanc yma o hyd ac yno am byth yn eu bywydau a'u plant hwy.

Mae Mam yn fy atgoffa drwy'r amser – 'Cofia Anthony, ti'n mynd am dy *seventies*' – fel petai'r byd yn crebachu gydag amser a bod rhaid arafu a chymryd gofal. Wi'n gwbod imi syrthio oddi ar ysgol a thorri fy mraich chwith (a braich gwaith) ddwy flynedd yn ôl a wi'n gwbod na cha'i byth fy newis i chwarae dros Ponty, ond mae byw bywyd creadigol pob diwrnod yn meithrin a magu syniadau. Wi'n bwriadu, gyda lwc, gario mlaen i weithio mewn stiwdio ymhell ar ôl cyrraedd oedran ymddeol ...

Fy mhroblem i yw trio cadw lan gyda syniadau – mae pob diwrnod newydd yn cynnig her newydd a syniadau ffres a wi'n teimlo weithiau bod angen ychwanegu awr neu ddwy ecstra i'r dydd.

Ond wi hefyd yn ddigon o realydd i sylweddoli taw henaint sy' ar y gorwel. Pam ddyle hynny fy nychryn? Wi'n greadigol ac yn byrlymu gyda syniadau am brosiectau newydd a dw'i ishe rhannu un ohonynt gyda chi y darllenwyr.

Beth am i griw ohonom sy'n 'mynd am ein *seventies'* ddod at ein gilydd i greu cymdeithas newydd wedi'i seilio ar egwyddorion o rannu a gofal.

Oes raid i ni fynd i gartre'r henoed?

Oes raid i ni werthu'n heiddo a rhoi ein harian i'r llywodraeth neu gwmni preifat i dalu am ein gofal?

Oes raid i ni adael ein ffrindiau a'n cartrefi?

Wi'n meddwl bod ganddo ni 'y *baby boomers'* a phlant y pum degau a'r chwe degau fwy o blwc na hynny.

Wi'n credu hefyd bod modd i ni i ddefnyddio'r arian sy' gyda ni i greu rhywbeth newydd – fframwaith newydd – creu cartre newydd gyda NI yn rheoli, lle y gallwn ni barhau i fyw bywyd llawn mewn awyrgylch greadigol.

Y cyfan sy ishe yw criw o bobl o amrywiol dalentau sy'n rhannu'r un weledigaeth a sy' ishe cymryd rheolaeth dros eu bywydau eu hunain a sydd ddim eisiau gorddibynnu ar friwsion y llywodraeth les.

Falle taw hwn fydd y prosiect mwyaf pwysig i mi – y broblem yw dod ar draws pobl gyda'r un feddylfryd a gweledigaeth.

Beth amdani?

Glenys a finne a'r genhedlaeth nesaf

Syniad Da
Y bobl, y busnes – a byw breuddwyd

Glywsoch chi'r chwedl honno nad yw Cymry
Cymraeg yn bobl busnes?
Dyma gyfres sy'n rhoi ochr arall y geiniog.

Straeon ein pobl fusnes:
yr ofnau a'r problemau wrth fentro;
hanes y twf a gwersi ysgol brofiad.

Llaeth y Llan:
sefydlu busnes cynhyrchu
iogwrt ar fuarth fferm
uwch Dyffryn Clwyd yn
ystod dirwasgiad yr 1980au

Gwasg Carreg Gwalch:
gadael coleg a sefydlu
gwasg gyda
chefnogaeth ardalwyr
Dyffryn Conwy

HANFODOL I BOBL IFANC AR GYRSIAU BUSNES
A BAGLORIAETH GYMREIG!
£5 yr un; www.carreg-gwalch.com

Y Llinyn Aur

Rhiannon Evans, Gof Aur Tregaron

"Nid bywyd yw Bioleg:
Mi af yn ôl i'r wlad"

Rhiannon:
troi crefft yn fusnes yng nghefn gwlad Ceredigion

Llongau Tir Sych

Thomas Herbert Jones
Caelloi Cymru 1851-2011

"Un o'r pethau gwaethaf wnaiff
rhywun ydi ymddeol..."

Caelloi Cymru:
cwmni bysys moethus o Lŷn sy'n ddolen rhwng Cymru ac Ewrop

Perffaith Chwarae Teg

Cefin a Rhian Roberts
Ysgol Glanaethwy 1990–2011

"Ti 'di dechra rwbath rŵan, yn do?
'Fedri di'm 'i gadael hi'n fan'na, wyddost ti ..."

Ysgol Glanaethwy:
datblygu dawn yn broffesiynol a llwyddo ar lwyfan byd

Cadw'r Byd i Droi

CLEDWYN EVANS
Teiers Cambrian 1971–2011

"Os nad yw'r teier o'ch dewis gyda ni,
yna nid yw'n bodoli ..."

Teiers Cambrian:
cwmni o Aberystwyth sydd wedi tyfu i fod yn asiantaeth deiers mwyaf Gwledydd Prydain

Byw
Busnes

Gari Wyn

Sylw ar fusnes a bywyd, gyrfa a gwaith

Sylwadau ar fusnes a bywyd, gyrfa a gwaith gan

Gari Wyn
y gwerthwr ceir llwyddiannus a sefydlodd
Ceir Cymru

Dadansoddi treiddgar; 200 tudalen; £7.50